LE PAPE EN PRIVÉ

Caroline Pigozzi

LE PAPE EN PRIVÉ

Bérangère Mottet
25 Dec 2000

NiL éditions

ISBN 2-84111-207-1

En souvenir de ma mère

Pour Marina,
pour Cosima et pour
leur père Gustavo

Introduction

Comment j'ai forcé la porte de bronze

Quand j'étais en classe de première à Rome chez les Dominicains, je rêvais déjà de rencontrer le Saint-Père. Je ne l'avais vu qu'une fois. En jupes plissées bleu marine, nous avions été reçues en audience et placées tout près de Paul VI, ce pape hiératique et majestueux, l'image même qu'une fille jeune pouvait se faire du souverain pontife. Cette vision impressionnante m'avait à jamais marquée. Le Vatican me semblait tellement mystérieux ! D'autant plus que la mère supérieure avait confisqué à l'une de mes camarades de dortoir, avec de hauts cris, un livre de Roger Peyrefitte au titre prometteur, *Les Clés de saint Pierre* (dont je ne sus que plus tard qu'il était sacrilège). Quand je suis devenue journaliste, l'envie de pénétrer les secrets du Vatican, comme d'autres rêvent de pénétrer ceux du Kremlin ou de la Maison-Blanche, m'est revenue à l'occasion d'une visite de Jean-Paul II à Paris, en juin 1980.

Le pape devait un soir quitter le port de l'Hôtel de Ville à bord d'un bateau-mouche pour rejoindre la nonciature. J'habitais alors face à la mairie de Paris, quai aux Fleurs, sous les toits, et, quelques heures avant le passage du Saint-Père, une escouade de tireurs d'élite a envahi mon appartement, munie de jumelles et de fusils à lunettes. Un spécialiste de la balistique accompagnait ces policiers en combinaison bleue et casquette. On craignait déjà un attentat contre Jean-Paul II. Ces circonstances dans un Paris transformé en un lieu de fête populaire à cause d'un pape ont ressuscité ma curiosité de jeunesse. C'est alors que j'ai décidé qu'un jour j'arriverais à forcer les portes du Vatican. Par passion et aussi par défi.

Par passion, car le pape était slave. Et j'ai moi-même, par ma mère, du sang russe dans les veines. Peut-être est-ce ce sang qui a parlé si fort.

Mais c'était aussi un défi, pour une journaliste femme, d'approcher de près Jean-Paul II, le pasteur charismatique de neuf cent cinquante millions de catholiques et de trois millions et demi de prêtres. Il me fallait maintenant trouver une opportunité. Cette idée ne me quittera pas des années durant, au cours desquelles, toutes les fois que je me trouvais à Rome, j'allais contempler le pape lors de la bénédiction qu'il donnait de sa fenêtre chaque dimanche à midi. Je me faisais bénir avec la foule, je me disais que cela me porterait bonheur et qu'un jour je pourrais réaliser un grand reportage sur le Vatican. Mais il me fallut une longue approche.

En principe, le Vatican est ouvert à tous les fidèles puisque chaque mercredi le pape y donne une audience générale aux pèlerins. Mais ceux-ci le voient de loin. Certains, en se bousculant, arrivent tout juste à toucher sa soutane immaculée, sans toutefois pouvoir lui parler et encore moins avoir avec lui un entretien privé. Moi, je désirais plus. Il n'était pas question de me contenter de l'image sacrée, de la vision majestueuse du pontife : mon ambition était de pénétrer, si j'ose dire, dans le roman de sa vie. Je ne voulais pas seulement frôler l'homme en blanc, je rêvais plus que tout d'entrer dans son univers mystique et secret. Et cet univers, c'est le Vatican.

Mais le Vatican est une forteresse. Tout autour du Saint-Père se sont, depuis des siècles, élevées des barrières subtiles, des fossés invisibles, des interdits non dits. La première barrière, pour un journaliste, c'est le directeur de la salle de presse, le dóttóre Joaquin Navarro-Valls, soixante-quatre ans, un médecin psychiatre formé à Harvard, ancien correspondant des journaux espagnols (*ABC, Nuestro Tiempo* et *Actualidad medica*) et proche de l'Opus Dei. Il est psychiatre, donc il analyse tout de vous. Il vous classe selon ses critères particuliers. Il privilégie la presse américaine pour sa puissance et celle de langue espagnole pour son universalité. Les journalistes français sont suspectés (c'est la faute à Rousseau et à Voltaire) d'irrespect religieux. C'est le premier obstacle qu'un reporter français doit franchir. Sans compter qu'il est difficile de le rencontrer. Le joindre au téléphone est impossible pour des gens qu'il ne connaît pas. Elizabetta, sa secrétaire, plutôt revêche, fait un barrage aussi impitoyable que décourageant. Et, si vous réussissez miraculeusement à obtenir un rendez-vous, c'est avec un délai considérable et comme par hasard supérieur à la durée de votre séjour. L'équipe du *National Geographic Magazine* a attendu un an avant d'avoir un rendez-vous. De toute façon, les princes de l'Église ont avec le temps un rapport voisin de celui qu'ils ont avec l'éternité. Quand j'ai demandé, en octobre 1999, au nouveau nonce à Paris, monseigneur Fortunato Baldelli, de me recevoir pour faire sa connaissance en tant que grand reporter de *Paris Match*, il m'a très aimablement proposé de le rappeler en octobre 2000, parce qu'il avait pour l'instant un emploi du temps trop chargé.

Une autre barrière qui freine l'accès au Vatican est le langage. Cardinaux et *monsignori* s'expriment toujours d'une façon si diplomatique, avec des nuances et des mines si raffinées, que ceux qui ne sont pas familiers de Machiavel et de Talleyrand sont déconcertés. C'est à la fois onctueux, jésuite, florentin et chattemite. En plus, ils parlent en italien bien qu'on ait l'impression qu'ils articulent un latin d'Église ! Pour le barbare étranger, la communication est difficile. Un des rares Américains qui aient surmonté ce handicap est l'ancien journaliste du *Washington Post*, Carl Bernstein, qui a réalisé là une performance encore plus remarquable que d'avoir fait tomber Nixon avec l'affaire du Watergate. Il est vrai qu'il avait pour poisson pilote le très malin Marco Politi, chroniqueur religieux du quotidien *La Repubblica*. Si l'on ne comprend pas la langue, les rites et le rythme de vie de ce petit monde distant et sacré qui vit depuis des siècles confiné dans ces palais feutrés, on reste en dehors du cercle. C'est-à-dire qu'on ne trouvera jamais quelqu'un de charitable dans ce lieu silencieux pour expliquer les mécanismes qui ouvrent les portes et les serrures, pour donner les clés de saint Pierre.

J'étais peut-être mieux armée que d'autres pour

pénétrer ce premier cercle et pour décrypter ses codes, grâce à ma jeunesse passée à Saint-Dominique de Rome où j'avais comme aumônier le père Poupard qui travaillait alors à la secrétairerie d'État du Vatican. (Aujourd'hui, il est cardinal et ministre de la Culture du pape.) Il m'avait prise en sympathie à cause de ma curiosité insatiable pour les mystères de ce lieu de pouvoir dont il était familier et dont il lui plaisait de me raconter les rouages et les petits et grands secrets. Paul Poupard savait tout, comme le membre d'un important cabinet ministériel. Déjà, je me promettais, lorsque je serais un jour journaliste, d'en découvrir davantage.

Ensuite, il y a le barrage polonais. Ce n'est pas le critiquer que de dire que Jean-Paul II s'est entouré de compatriotes. Conseillers, secrétaires particuliers, jusqu'aux humbles servantes religieuses, sont polonais. Comme ils ont des noms non seulement imprononçables mais d'une orthographe extravagante, on n'arrive pas à expliquer au standard impatient du Vatican à qui l'on veut parler. Son secrétaire particulier, par exemple, s'appelle Dziwisz, ce qui, pour un Français, ne ressemble à rien si ce n'est à un éternuement. Et ces braves gens sont farouches et méfiants et protègent jalousement le Saint-Père.

Lorsque, assistant aux cérémonies du Vatican, audiences, messes solennelles et bénédictions, j'observais Jean-Paul II, j'étais étonnée de voir son regard se poser sans cesse sur deux personnes toujours proches de lui. C'étaient ses Polonais : monseigneur Dziwisz et le père Mieczyslaw Mokrzycki, son adjoint. Et pourtant le Saint-Père se trouvait parmi tous les hauts prélats de la curie, dont bon nombre d'Italiens. Comme on me l'a expliqué plus tard, le pape n'a de réelle complicité qu'avec ses amis personnels, naturellement polonais, et certains intellectuels qui lui apportent des idées stimulantes. Il a ceci de sympathique, en commun avec Juan Carlos, le roi d'Espagne, que j'ai suivi un mois dans ses palais — le premier homme d'État, d'ailleurs, à lui avoir fêté ses vingt ans de pontificat —, de n'avoir ni cour ni courtisans. Ils ne s'entourent que des gens qu'ils apprécient professionnellement et qu'ils aiment.

Ne quittant pas des yeux le souverain pontife pendant certaines cérémonies qui duraient des heures, je me suis aperçue à des signes à peine perceptibles que le protocole devait l'ennuyer un peu, non seulement parce qu'il est fastidieux en soi, mais parce qu'il menaçait de tenir à distance ceux qu'il préférait. C'est alors que j'ai compris que, pour approcher Sa Sainteté, il fallait jouer la carte polonaise, la plus compliquée...

Dernier obstacle et peut-être le plus gênant pour moi : le Vatican est un univers d'hommes. Même la Sainte Vierge serait mal à l'aise dans cet environnement exclusivement clérical. Bien sûr, il ne s'agit pas de misogynie. Mais tous ces saints hommes ont peu de contacts avec le monde féminin, à part les bonnes sœurs affectées aux tâches secondaires (service, cuisine, ménage, couture, standard téléphonique), qui sont humbles, effacées et filent sans jamais parler, comme des souris, dans les longs couloirs du Vatican. Toutes sont, bien entendu, en habit religieux avec voile, grand sac en moleskine noire et chaussures de gendarme. Il y a très peu de journalistes féminines accréditées au Saint-Siège. Cardinaux et *monsignori* n'avaient rien contre moi. Ils ne comprenaient tout simplement pas ce que je faisais là. Ils me prenaient pour une laïque pieuse, membre de l'association des Vierges consacrées ou de la société du Christ-Roi (qui ne sont pas des religieuses mais qui ont fait les vœux de chasteté et de pauvreté, quelque chose comme des sous-bonnes sœurs), et étaient déconcertés quand je m'adressais à eux : une nonne baisse les yeux, ne parle pas, et on ne lui parle pas. On lui sourit éventuellement. En plus, pour ne pas attirer l'attention, je portais toujours une robe noire très austère, des collants opaques et des chaussures plates et sombres. J'étais toutefois maquillée car justement je ne tenais pas à ce qu'on m'assimile à un membre du personnel religieux du Vatican. Ce qui est curieux, c'est qu'avec ces prélats de la curie romaine une femme se trouve dans une situation de tout ou rien. On l'ignore, comme si elle faisait partie des meubles, ou bien, telle une espèce rare, elle suscite la plus vive curiosité et se trouve engagée dans des conversations sans fin. De toute manière, l'attitude des hommes d'Église est à son égard irrationnelle. Pas question, en somme, de simples entretiens sur un ton aimable, ce qu'on appelle en anglais un *small talk*. Il faut dire que ces messieurs sont si fins, si cultivés, leur esprit est si vif que la moindre conversation avec eux n'est jamais banale ni superficielle.

En vérité, ce qui aurait été un obstacle presque insurmontable pour d'autres ne le fut pas pour moi. Toujours grâce à mon passé bercé par les cantiques dans de sévères institutions religieuses où, en dehors d'interminables années de latin, j'avais appris aussi bien à parler à Dieu qu'à Ses serviteurs avec la simplicité d'une jeune fille familière du chapelet, du chant grégorien, à même de prendre l'eau bénite et de faire une génuflexion le moment opportun. Je savais aussi comment m'adresser à une mère supérieure, à un abbé, à un confesseur, et qu'il ne fallait pas saisir la main du cardinal quand on devait baiser son anneau, lui dire « Éminence » et surtout pas « Excellence », comme à un évêque.

Au Vatican, je n'étais ni gauche ni intimidée, et cela devait se sentir. Peut-être aussi grâce à mon attitude modeste n'effrayais-je pas trop ces cardinaux et *monsignori*, si prompts à s'esquiver avec une petite bénédiction.

Quand mon journal m'a proposé, parce que je parlais italien, de couvrir une cérémonie au Vatican, enthousiaste, j'ai accepté cette occasion que je guettais depuis si longtemps. En effet, avant d'être à *Paris Match*, j'avais passé douze années dans un autre grand hebdomadaire fourmillant de pieux rédacteurs en chef qui rêvaient d'approcher le pape et ne comptaient en aucun cas laisser ce privilège rare à une journaliste jeune et, de surcroît, femme.

Ce matin de janvier 1996, Dieu étant avec moi, j'ai appelé celui qu'il avait déjà mis sur mon chemin, Paul Poupard, avec lequel j'avais toujours entretenu des relations aussi respectueuses que complices. C'était juste après que le pape eut été frappé, le jour de Noël 1995, d'un malaise pendant la traditionnelle bénédiction *urbi et orbi* en Mondiovision. Au téléphone, le cardinal Poupard fut bref. (Au Vatican, on se méfie du téléphone depuis qu'on a appris que, sous Pie XII, les religieuses standardistes du Saint-Siège écoutaient toutes les conversations au profit du cardinal Canali, gouverneur du Vatican.) Il me dit simplement d'une voix rassurante : « Passez me voir chez moi en fin de journée. »

Le cardinal habite le quartier populaire du Trastevere, au-delà du Tibre, dans le palais de San Calisto, l'une de ces enclaves vaticanes dispersées dans Rome. Derrière ce palais ancien donnant sur la place Santa Maria de Trastevere, de grands bâtiments modernes entourent une cour. Au troisième étage, avec vue sur la coupole de Saint-Pierre, sont logés quelques éminents ecclésiastiques. En sortant de l'ascenseur, je me trouvai devant un long couloir à ciel ouvert où, à gauche comme à droite, s'alignaient de hautes portes vernissées toutes identiques. Personne pour me donner une explication, aucun majestueux garde suisse à l'horizon pour me guider dans ce lieu solennel et silencieux, presque monacal. Trouver l'appartement du cardinal Poupard était déjà un premier examen de passage. J'étais sur le point de me décourager quand j'aperçus soudain une plaque de cuivre gravée à gauche de l'épaisse porte sur laquelle était inscrit « Cardinal Etchegaray ». Non, ce n'était pas lui que je cherchais, même si j'avais lu son livre dont j'ai encore le titre en mémoire : *J'avance comme un âne.* Je fis quelques pas de plus. Enfin, sur une plaque identique, était inscrit « Cardinal Poupard ». Je tremblais d'impatience en appuyant sur la sonnette de cuivre.

Lorsque mon ancien aumônier est venu m'ouvrir, son voisin, monseigneur de Nicolo, arrosait sur le palier ses nombreuses plantes vertes. Après l'avoir félicité pour sa main verte, le cardinal, peu avare de compliments, m'a aussitôt chaleureusement présentée à lui en précisant, pour enlever toute équivoque à notre rencontre (les prélats sont soupçonneux les uns vis-à-vis des autres), que j'étais une de ses « brillantes anciennes élèves » venue lui rendre visite et lui apporter un livre. Rien d'étonnant, à cette période de l'année! Monseigneur de Nicoló se montra fort aimable, et, par la suite, sa confiance devait m'être extrêmement précieuse car il était régent de la maison du pape et, dans les faits, l'un des ordonnateurs des cérémonies pontificales. Comment ne pas croire que j'étais guidée par Dieu ou tout au moins par un de Ses anges ? Déjà, j'avais, par le plus heureux hasard, un pied dans la porte de la forteresse vaticane !

Après un rapide tour dans sa petite chapelle privée, où sœur Marie Béatrice et sœur Claire Marie, deux religieuses qui s'occupaient de lui, vinrent nous rejoindre, le cardinal Poupard me conduisit dans sa vaste et haute bibliothèque, où sont méticuleusement rangés quelque quinze mille ouvrages, et me dit sans détour, avec la même franchise qu'il avait naguère toujours employée avec moi : « Je ne peux d'aucune façon décrocher mon téléphone et demander à son secrétaire privé un rendez-vous pour vous auprès du pape. Cela ne s'est jamais fait. Ce qu'il m'est possible, en revanche, c'est d'agir en sorte que vous puissiez approcher l'entourage du Saint-Père. À vous, ensuite, de saisir la bonne occasion... » Ce qui voulait dire avoir une chance de franchir le troisième barrage, celui du cercle polonais. En somme, c'était à moi d'acquérir auprès de ces proches du Saint-Père un certificat de bonne conduite pouvant me permettre d'obtenir un passeport pour les lieux privés les plus fermés du monde.

Entreprise assez périlleuse parce que, si l'on échoue à se faire agréer par les collaborateurs directs du pape, toute issue vous est à jamais interdite. Car ne comptez pas alors sur Joaquin Navarro-Valls, qui vous en voudra éternellement d'être passé avec désinvolture par-dessus sa tête.

« Ce que je vais organiser pour vous, ajouta spontanément le cardinal, c'est de vous faire assister pendant ces fêtes de début d'année à toutes les cérémonies pontificales, et ce au premier rang, quoique discrètement et sur le côté. À vous ensuite de vous débrouiller. Il faut vous mettre bien avec les uns sans vous mettre les autres à dos. »

J'ai vite saisi son message. Mon passé et mon expérience de journaliste politique m'y ont aidée. Et peut-être aussi mon intuition féminine. Pénétrer le Vatican relève d'un véritable jeu de piste. Quel est le policier le plus important ? Celui qu'il faut avoir dans sa manche ? Le majordome qui commande tous les autres ? Le garde suisse le moins sévère ? Et, enfin, le familier du pape dont il faut savoir capter le regard ? N'oubliez pas qu'on vous observe sans complaisance (pourquoi est-elle au premier rang ?) et qu'il ne faut jamais se tromper dans le protocole ou les gestes liturgiques.

Au bout de cinq jours de messes, d'offices, de bénédictions et autres célébrations, tous ces yeux ecclésiastiques me guettaient. Allait-elle, comme les autres journalistes, se décourager ? Ma constance et mon silence m'ont sauvée. Même quand Jean-Paul II se rendait dans une petite église de banlieue bénir une délégation de cantonniers, j'étais là. A-t-il fini par me remarquer ? Le sixième jour, un dimanche, monseigneur Dziwisz s'est approché de moi et m'a dit : « Je crois que vous êtes venue faire un reportage sur le Saint-Père ? En cinq jours, vous avez sûrement pu observer tout ce que vous désiriez. Vous pouvez maintenant repartir en paix. Vous en savez assez pour écrire votre article. »

Le piège ! Aussitôt je me suis très poliment mais très fermement récriée : « Il me manque beaucoup de choses, voire l'essentiel. Ce que j'aimerais, c'est suivre le Saint-Père de plus près dans sa vie quotidienne et vraiment personnelle. » Je savais par un gendarme du Vatican que le soir même le pape devait recevoir une quarantaine de pèlerins polonais en audience privée. Je dis alors à monseigneur Dziwisz : « Ne pourrais-je pas assister à cette audience ? » Il marqua un temps d'arrêt, partagé entre l'étonnement que je sois au courant de cette invitation et la réflexion qu'il se faisait intérieurement que, si j'avais appris cela, je devais être une journaliste avisée, puis il m'a répondu en joignant pieusement les mains : « Mais vous ne comprendriez rien à ce qu'ils se diront. » J'ai répliqué, en baissant les yeux : « Je n'aurai pas besoin qu'on me le traduise. Je le lirai sur leurs visages. » Alors doucement il m'a pris les mains, m'a regardée longuement et a murmuré : « Revenez ce soir à six heures. »

À l'heure dite, je me suis donc présentée à la porte de bronze, au fond de la colonnade où un garde suisse m'arrêta, me demanda mon nom et qui je voulais voir.

J'ai répondu le plus naturellement du monde : « le pape. » Le garde m'a conduite à un deuxième garde qui a vérifié que mon nom était bien inscrit sur son registre noir. Puis il m'a remise entre les mains d'un huissier qui m'a fait monter dans un ascenseur exigu, capitonné comme un écrin, et, au deuxième étage, m'a escortée jusqu'à l'une des salles de réception. J'ai attendu là quelques minutes puis les invités polonais sont arrivés, euphoriques et expansifs. Peu après, le Saint-Père est apparu par la porte du fond.

J'ai découvert alors un pape bien différent de celui que je voyais à la télévision. Avec ses compatriotes, il sortait complètement de son personnage solennel, plaisantait et riait avec eux. Je l'ai même entendu chanter en leur compagnie des airs polonais. Monseigneur Dziwisz m'a placée avec un regard complice en queue de la file des Polonais qu'il présentait au pape. Il glissa à l'oreille de celui-ci : « C'est une ancienne élève du père Poupard à Rome. »

Jean-Paul II me prit alors les mains : « Vous plaisez-vous à Rome ? » Je répondis : « Très Saint-Père, je m'y plairais encore plus si je pouvais suivre Sa Sainteté de près pour faire sur elle un grand reportage. » Le pape a souri, et monseigneur Dziwisz, me prenant à part, me souffla : « On vous rappellera. »

Toute la journée du lendemain, je n'osai pas quitter ma chambre d'hôtel... Le surlendemain, le téléphone sonna à 10 h 45. « Le Pape vous recevra à midi. » J'étais émerveillée de ma chance inouïe. Des centaines de confrères avant moi avaient échoué.

Me voici donc avec mon photographe, Jean-Claude Deutsch, devant l'évêque de Rome qui nous accueille dans son bureau. Nous nous prosternons devant lui. Je baise son anneau pontifical. Monseigneur Dziwisz fait signe à Jean-Claude qu'il peut commencer à travailler. Le Saint-Père lui dit alors en français :

« N'y a-t-il pas un problème de lumière si près de la fenêtre ? Voulez-vous que je recule un peu ? » Il se rendait compte que ses vêtements blancs se détacheraient mal en contrejour. Cette gentillesse et cette simplicité m'ont émue.

Après la séance de photos, le Saint-Père nous bénit. Nous le remercions. Puis il s'éloigne. À ce moment-là, Jean-Claude Deutsch s'aperçoit qu'il n'a pas de photo du Saint-Père à sa table de travail. « Rattrape-le », me demande-t-il. Je lui réponds : « Impossible, il nous a bénis et il est parti. » Il me paraît inconcevable de courir après le chef de l'Église catholique, figure la plus admirée et la plus respectée au monde, dans le couloir de son propre appartement. Monseigneur Dziwisz, qui a entendu notre dialogue, prend sur lui de rejoindre le pape. Il lui parle. Et voilà que Jean-Paul II revient vers nous ! Il va accepter de poser à nouveau un long moment en se pliant avec une complaisance infinie à toutes nos exigences. Toujours la simplicité.

C'est ainsi que j'ai été présentée à Jean-Paul II, que j'ai gagné sa confiance et que j'ai pénétré dans la forteresse du Vatican.

Le reste, tout ce livre le raconte.

1

Autour de lui, le cercle polonais

« Très Saint-Père, demanda au pape Luigi Accattoli, du *Corriere della Sera*, suivrez-vous demain en direct à la télévision le match de football Pologne-Italie ?

— J'espère bien que je ne manquerai pas cette retransmission, s'exclama le pape, et que mes compatriotes gagneront. »

Cet échange de propos avait lieu le 14 juin 1982 dans l'avion des Aerolinas Argentinas qui ramenait Jean-Paul II et sa suite de Buenos Aires à Rome. Le pape regarda la *partita* (il était tout heureux que la Pologne et l'Italie aient fait match nul ; c'était un match de Coupe du monde) avec monseigneur Stanislaw Dziwisz, son secrétaire particulier, dans le bureau-bibliothèque aux tentures beiges des appartements pontificaux, sa « petite Pologne », comme l'appellent avec agacement les prélats italiens.

Dès son arrivée au Vatican, Karol Wojtyla a en effet créé autour de lui un premier cercle intime presque exclusivement polonais en rupture complète avec la tradition des papes italiens. Dans son appartement privé, au troisième étage du palais apostolique, il a choisi de vivre entouré de six anges gardiens, tous polonais : le fidèle monseigneur Stanislaw Dziwisz, dont, au bout de vingt-deux ans, personne ne réussit encore au Saint-Siège à prononcer ou à écrire correctement le nom, ainsi que cinq religieuses de la congrégation des Servantes du Sacré-Cœur de Jésus. Elles sont vêtues de blanc lorsqu'elles font office d'infirmières pendant les voyages du pape ou, sinon, de noir avec un petit col blanc et un cœur ardent rouge brodé sur la poitrine. Elles ont aussi une croix en argent et ébène, une alliance en argent, un chapelet noir sur le côté gauche, une ceinture blanche en corde nouée sur la droite. Elles portent un voile noir avec coiffe blanche et des sandales noires. L'ordre des Servantes du Sacré-Cœur de Jésus, fondé en Pologne en 1894, qui s'occupe de jeunes filles en difficulté et des nécessiteux, compte six cents religieuses dans le monde entre Cracovie, l'Italie, la France, la Bolivie, la Libye et les États-Unis. Lorsqu'il était archevêque de Cracovie, la ville aux cent églises que l'on appelle en Pologne la « petite Rome », Karol Wojtyla avait déjà ces religieuses auprès de lui. Il a tenu à les emmener à Rome. C'est ainsi que sœur Tobiana, la supérieure et son infirmière-médecin, sœur Germana, sœur Fernanda, sœur Matylda et sœur Eufrosyna sont en permanence à son service au Vatican. Elles s'occupent du secrétariat, des courses, de la lingerie, de la cuisine, de l'infirmerie.

Elles entendent protéger le plus possible le Saint-Père du monde extérieur. « Pour elles, dit le cardinal

Poupard, l'étranger non identifié est une personne suspecte non apprivoisée. » J'en ai fait l'expérience lorsqu'un matin, invitée par monseigneur Dziwisz à remettre en mains propres au souverain pontife, dès 8 heures, une copie de mon journal qui lui était largement consacré, j'ai pu mesurer, dès qu'elles m'ont vue, la nervosité des sœurs. Elles me dévisageaient, le regard en dessous. Visiblement, elles se demandaient : « Qui est celle-là ? Que vient-elle faire ici ? » Elles se consultaient les unes les autres du coin de l'œil, perplexes et inquiètes. Elles arrivaient mal à cerner qui était cette femme de quarante-deux ans — très jeune pour le Vatican —, parfaitement respectueuse du protocole vestimentaire. J'avais mon habituelle tenue vaticane : mantille, jupe sous le genou, chemisier noir à manches longues et collants sombres. Mais, comme à mon habitude aussi, je m'étais maquillée pour bien souligner que je n'étais pas une bonne sœur. Les saintes filles n'en revenaient pas que Jean-Paul II se laissât aller à plaisanter avec moi. (Il est toujours détendu en ma compagnie quand il me reçoit dans ses appartements privés.) Étais-je une laïque consacrée ? Une religieuse en civil ? Ou, au contraire, n'avais-je rien à voir avec les institutions de l'Église catholique ?

Ces cinq femmes forment autour du pape un petit bastion polonais, à mi-chemin entre une garde rapprochée et une communauté religieuse. Jean-Paul II est heureux de parler polonais avec elles et de ne pas rester trop longtemps seul pendant ses moments d'intimité. À la différence de ses prédécesseurs italiens, Jean-Paul II a refusé de vivre isolé, de prendre ses repas en solitaire — son secrétaire lui faisant la lecture — et de ne rencontrer de gens que dans le cadre des audiences officielles.

Ce pape venu de l'Est, premier pontife non italien depuis le Flamand Adrien VI, en 1522, tient, le soir, à se retrouver dans son environnement familier. Une réconfortante détente après de longues et harassantes journées où ce polyglotte s'exprime en italien mais aussi l'anglais, l'allemand et le français. En italien, en français et en allemand, il pense directement. Quand il possède une langue, ce n'est pas, comme il me l'a expliqué lui-même, seulement phonétiquement mais grammaticalement, et dans ses nuances. Cependant, en anglais, il a moins d'aisance et cherche parfois le mot exact (c'est surtout frappant quand il est fatigué, il a alors un accent slave prononcé). Le pape peut aussi écrire sans fautes dans ces mêmes langues, auxquelles s'ajoute le latin. L'un de ses grands amis polonais, le cardinal Deskur, précise que, sans les parler parfaitement, il maîtrise également toutes les langues slaves et a autant d'oreille que les Beatles !

Il y a trois raisons profondes à la création par Jean-Paul II de ce petit cercle polonais :

— Il ne veut pas perdre sa « polénitude », comme disent, moitié attendries, moitié persifleuses, les langues agiles de la curie (certains expliquent avec perfidie que la principale tâche du prochain pape sera de dépoloniser le Vatican).

— Depuis qu'il a vu disparaître à neuf ans sa mère Emilia, emportée par une maladie des reins, puis, à douze ans, son frère Edmund, médecin, d'une scarlatine contractée en soignant ses malades et, à vingt ans, son père et ultime soutien familial, le lieutenant Wojtyla, officier d'état-major à la retraite, qu'il a trouvé inanimé un soir dans son lit, le Saint-Père éprouve un grand vide affectif que ses amis polonais l'aident à remplir.

— Enfin, c'est une manière, dans son existence personnelle, de se tenir un peu à l'écart de la curie romaine et de ses coteries. Ces cardinaux italianissimes et friands de bons mots sont peu indulgents envers ce Slave robuste à la large carrure, aux yeux rieurs et aux pommettes hautes, si différent d'eux physiquement.

Grâce à son cercle polonais, il est entouré de gens qui le comprennent à demi-mot. Au fil des ans, ils sont devenus sa famille de cœur. S'il n'avait pas réuni autour de lui des proches, le Saint-Père aurait risqué de connaître une grande solitude. Dans ces lieux chargés d'histoire, Pie VI, Pie XII, Jean XXIII, Paul VI, Jean-Paul Ier étaient pour la plupart très entourés, de frères, de sœurs, de cousins et neveux aussi nombreux qu'envahissants. À certains d'entre eux, les papes distribuaient même généreusement des titres nobiliaires.

Jean-Paul II, qui n'avait qu'une cousine, Natalia Mrzycxod, qui vivait en France, s'est donc composé un univers affectif organisé. Tout cela a naturellement été mal vu par les hauts prélats italiens de la curie, lesquels, outre qu'ils ne comprennent pas le polonais, acceptent difficilement qu'il leur faille subir, entre eux et le souverain pontife, ces intermédiaires étrangers qui passent leur temps à faire ensemble des messes basses. « Karol

Wojtyla est pape à mi-temps, polonais à plein temps, il est devenu l'empereur du Saint-Empire romain polonais », soupirent perfidement les cardinaux, histoire de souligner au passage que ce Wojtyla a des origines plus modestes qu'aristocratiques. Il est petit-fils de tailleur par son père, de tanneur par sa mère, alors que bon nombre de ses nobles prédécesseurs étaient des princes, Colonna, Barberini, Aldobrandini, Chigi, Rospigliosi... Aujourd'hui, le chef du clan aristocratique de la curie est le très noble et conventionnel archevêque Andréa Cordero Lanza di Montezemolo, oncle de l'actuel président de Ferrari, qui, soutenu par le marquis Sacchetti, délégué de l'État du Vatican, ne cache pas qu'à ses yeux Jean-Paul II manque d'ancêtres élégants.

La petite communauté qui entoure le Saint-Père n'a rien d'impérial. L'homme le plus proche du pape, monseigneur Stanislaw Dziwisz, est plus menu que lui, il a le front dégagé et un regard pétillant de vivacité. Il est sans cesse auprès de lui et assiste à chacun de ses repas. Il habite au Vatican, au quatrième étage dans un petit appartement qui comprend un cabinet de travail et une chambre, et rejoint par un escalier en colimaçon le pape dès son lever. Il est aussi à ses côtés quand il va prier et méditer dans sa chapelle privée. Un rapport quasi paternel et filial s'est, en trente-quatre ans, établi entre Wojtyla et Dziwisz. « Tu as partagé avec moi les difficultés, les anxiétés et les espérances. Sois aujourd'hui dans la joie à mes côtés », a proclamé Jean-Paul II le 7 février 1998 en le nommant évêque titulaire de San Leone, en Calabre. C'était une charge honorifique, car cet évêché est surtout symbolique. Il l'avait déjà ordonné prêtre en 1966. Ce docteur en théologie liturgique de l'université de Jagellon (où Wojtyla a lui-même étudié) est son plus proche, son plus ancien et son plus fidèle collaborateur depuis Cracovie. Il lui avait autrefois été signalé comme une personne de grande qualité alors qu'il cherchait un jeune collaborateur. Leur goût commun pour le sport, et le ski en particulier, créa tout de suite entre eux un lien fort et des affinités car Dziwisz est lui aussi un excellent skieur. Il est né dans la petite station de ski de Raba Wyzna (surnommée la Chamonix polonaise), près de Zakopane, dans les monts Tatras, au sud de la Pologne. C'est d'ailleurs à Zakopane qu'ils skiaient régulièrement tous les deux. Ils continuèrent ensemble bien après l'accession de Wojtyla au poste suprême. (Les *monsignori* disent en persiflant que Dziwisz « slalome aussi très bien au Vatican » !) Cela dura jusqu'à ce que Jean-Paul II se fracture le fémur dans sa salle de bains en 1994. Peu de temps avant, alors que le pape avait fait une chute de ski dans les Abruzzes, Stanislaw était tombé en tentant de l'amortir et s'était cassé le bras.

La promotion épiscopale de ce secrétaire particulier du pape a été une véritable surprise au Saint-Siège. C'était un geste exceptionnel dans l'histoire de la papauté moderne. Monseigneur Dziwisz porte désormais la ceinture violette. Cette nomination de poids est une récompense bien méritée après un quart de siècle d'une infaillible disponibilité à l'égard du Saint-Père et aussi la plus sûre façon de protéger pour l'avenir son vulnérable confident, d'éviter à ce dernier que la curie romaine ne le charge, après la disparition de Jean-Paul II, d'une ingrate et obscure fonction dans un coin perdu du globe. Bon nombre des secrétaires privés de ses prédécesseurs, et non des moindres, finirent dans l'anonymat le plus total. Jusqu'à la fin du règne de Pie XII, ces personnages ne s'occupaient en fait que du courrier et de quelques menues questions d'intendance, et il eût été impensable qu'ils partagent un repas, voire une confidence avec eux. Tout au plus le pape leur faisait-il l'honneur, le jour de l'an, de boire un doigt de grappa en leur compagnie et leur offrait-il ensuite généreusement la bouteille entamée.

Pie XII avait comme secrétaire gouvernante la légendaire, puissante et inflexible religieuse bavaroise, sœur Pasqualina Lehnert. Lorsqu'il mourut, maigre consolation, elle emporta les deux célèbres canaris de son maître et après quelques années de purgatoire sous Jean XXIII, Paul VI lui permit d'ouvrir la maison de retraite Pastor Angelicus où elle se retira elle-même. Consolation : elle pouvait voir de sa chambre le dôme de Saint-Pierre. Monseigneur Loris Capovilla, quatre-vingt-cinq ans, secrétaire et exécuteur testamentaire de Jean XXIII, emporta ses papiers personnels et se consacre depuis à sa mémoire. Il fut nommé prélat d'honneur de Loreto, mais par Paul VI. Ce dernier avait deux collaborateurs immédiats ; l'un, l'abbé Bruno Bossi, disparut du jour au lendemain peu avant son décès et de façon mystérieuse sans que l'on en découvre jamais la raison. L'autre, monseigneur Pasquale Macchi, actuellement âgé de soixante-dix-sept ans, considéré comme un homme de grande influence pendant tout le pontificat de Montini, ce pape très admiré des âmes pieuses car il portait un cilice (ce que Macchi révéla à sa mort), eut plus de chance et fut nommé évêque il y a dix ans par le pape actuel. Quant à l'abbé Diego Lorenzi, brièvement secrétaire de Jean-Paul Ier, ce malheureux pontife qui n'a régné que trente-trois jours, il a rapidement regagné sa paroisse dans un village de Vénétie, et son nom ne figure même pas dans le très lourd annuaire pontifical de toile rouge et or frappé des armoiries du successeur du prince des Apôtres, à la fois la « bible » et le bottin mondain du clergé. Et le pauvre pape n'a laissé en place que sa nièce Lina Petri Tormenta, précieuse archiviste de la salle de presse du Saint-Siège, via della Conciliazione.

Pour l'instant, monseigneur Dziwisz est le personnage le plus influent du Vatican. Il a un rôle éminent et un pouvoir que rien ne traduit officiellement dans les textes. Chacun sait dans le monde catholique qu'il est l'éminence grise du pape, celui qui devance ses paroles, plus puissant dans les faits que le cardinal secrétaire d'État piémontais Angelo Sodano, soixante-douze ans, le Premier ministre de Jean-Paul II, ou le substitut, c'est-à-dire son directeur de cabinet, Leonardo Sandri, cinquante-sept ans, un prélat argentin qui vient de remplacer monseigneur Giovanni Battista Re, ou encore le Bordelais, monseigneur Jean-Louis Tauran, son ministre des Affaires étrangères. Tous trois sont issus de la très prestigieuse Académie pontificale, l'ENA du

Saint-Siège, autrefois Académie des nobles pontificaux. Ils gèrent les dossiers essentiels et sensibles mais sont obligés de passer par l'entonnoir de Stanislaw, qui, ne serait-ce que pour protéger la santé du Saint-Père, fixe les dates et heures de leurs rencontres. Il se trouve auprès du pape avant et après leurs visites. C'est donc lui qui a le dernier mot. Il est le rouage essentiel de cette machine vaticane polonaise et, à ce titre, le détenteur absolu de tous les secrets de Karol Wojtyla.

Et pourtant la curie se montre assez indulgente avec ce personnage venu d'un monde qui lui est tellement étranger. Il les a tous charmés par sa sérénité et sa subtilité. Avec un physique un peu rond et une fermeté au premier abord teintée de douceur, il a immédiatement réussi à se faire respecter et apprécier grâce à sa finesse psychologique. Les plus malins ont d'ailleurs vite compris à quel point ce prélat jouait un rôle majeur dans l'existence et l'action de Jean-Paul II.

Composant habilement avec le pesant et bureaucratique système très fermé de la « cour pontificale », structure officielle du gouvernement de l'Église, il gère aussi le précieux agenda de box pourpre de l'évêque de Rome. Il intercepte, filtrage oblige, tous les appels sur la ligne privée du pape qui arrivent sur son poste téléphonique situé dans une pièce voisine de son bureau. C'est lui qui décide avec le Saint-Père, selon des critères qui échappent au commun des mortels, des invitations pour la messe matinale dans la chapelle privée. Ce qui donne au pape l'occasion de rencontrer des personnes parfois très simples, sans le pesant contrôle des responsables de la secrétairerie d'État et de la maison pontificale chargée en théorie de suivre toutes les demandes... Monseigneur Stanislaw, qui n'a d'autre ambition que celle de servir le pape, est le seul personnage avec lequel Jean-Paul II dîne et regarde de temps à autre la télévision. Il est l'homme qui a partagé les moments les plus sacrés et les plus difficiles de son existence. Son pire souvenir est bien sûr celui du mercredi maudit, le 13 mai 1981, place Saint-Pierre, où il était placé juste derrière Karol Wojtyla à l'arrière de la Toyota blanche. À 17 h 21, le pape, atteint par deux des quatre balles tirées par Ali Agça, s'effondra littéralement dans ses bras. Il eut le sang-froid et la présence d'esprit de guider le chauffeur de l'ambulance, dont la sirène et le gyrophare, qu'on n'avait jamais eu l'occasion de les tester, étaient en panne, à travers les ruelles de Rome en bravant les sens interdits pour gagner les minutes précieuses qui, sans doute, sauvèrent le pape de la mort. Même s'il n'en fait jamais état, préférant évoquer la main providentielle de la Vierge de Fatima, Jean-Paul II le sait. Le Saint-Père se sent quotidiennement rassuré et protégé par sa présence aussi attentive qu'apaisante. Il s'est instauré entre eux une extraordinaire complicité, malicieuse à ses heures. Monseigneur Stanislaw pratique aussi l'humour. Je l'ai entendu commenter à Jean-Paul II les attitudes empruntées de certains de ses visiteurs. Ainsi ai-je, à plusieurs reprises, vu le pape rire de bon cœur aux remarques pertinentes et drôles de son précieux collaborateur. Dziwisz, qui accompagne Jean-Paul II dans chacun de ses déplacements, y compris dans la *papamobile*, voit absolument tout. Un jour, m'apercevant de loin de son œil d'aigle (surtout exercé depuis l'attentat) au milieu de pèlerins, un mercredi, pendant l'audience générale place Saint-Pierre, il n'hésita pas à m'inviter à monter derrière Jean-Paul II dans la *papamobile*, une étonnante voiture tout-terrain qui gravit et descend les escaliers. Il voulait que je puisse raconter, expérience unique pour un journaliste, la promenade du pape place Saint-Pierre à l'arrière du célèbre véhicule blanc immatriculé « SCV 1 » (*Stato della città del Vaticano 1*). Malheureusement, les zélés membres italiens de la sécurité rapprochée ne me laissèrent pas monter car je n'avais pas de badge. Je ne pourrai donc jamais décrire quel effet cela fait de circuler dans cette impressionnante voiture derrière l'évêque de Rome.

Lorsque, au petit matin, sous le vitrail lumineux de sa chapelle privée, Jean-Paul II se recueille et médite longuement devant l'autel, monseigneur Dziwisz place sur son prie-Dieu une petite pochette de cuir noir qui contient une quarantaine de billets portant les noms de gens qui ont écrit au Saint-Père pour lui demander de prier pour eux. La liste est renouvelée deux fois par semaine. Monseigneur Dziwisz veille là, comme en toute circonstance, à ce que le pape ne trébuche pas, et reste prêt à le soutenir. Il se tient silencieusement à ses côtés, telle son ombre, partageant ces premiers longs moments de prière où le pape puise de la force pour une journée, avant de le seconder dans ses rencontres officieuses ou officielles et dans ses travaux de la matinée. Toujours attentif à passer au souverain pontife le discours qu'il doit lire, lui suggérant au passage, d'un rapide geste codé, un fidèle à saluer, un temps d'arrêt à marquer, une personne à bénir. Ce détail est très important : le lendemain de son élection, allant voir son ami le cardinal Deskur à la polyclinique Gemelli, le nouveau pape avait oublié de bénir le personnel hospitalier. Il fut rappelé à l'ordre par le chef du protocole.

« Il m'apprenait à faire le pape ! » se souvient en souriant Jean-Paul II.

Monseigneur Dziwisz a l'art de n'être jamais envahissant ni devant les caméras ni dans le voisinage du souverain pontife où se bousculent parfois d'importants et obséquieux prélats. Au Vatican, il n'y a qu'une star : le pape. Peu importe à son secrétaire particulier de ne pas être sur le devant de la scène dans la mesure où il contrôle les ressorts de la vie de Jean-Paul II en dehors des structures institutionnelles. Il n'a pas les clés de saint Pierre mais il a tous les passes. Rien n'est possible sans lui. Il lui est facile d'invoquer la fatigue du Saint-Père pour écarter un rendez-vous ou remettre la visite d'une personnalité à une date indéterminée. Il devine, en effet, si elle l'importune ou risque de le lasser.

Autour de monseigneur Dziwisz s'articule l'importante colonie polonaise de la Ville éternelle. Une poignée de proches qui sont à des postes stratégiques : le père Adam Boniecki, ancien directeur de l'édition polonaise de *L'Osservatore Romano*, l'organe officiel du Vatican (on a fait, après l'élection de Karol Wojtyla, cette édition polonaise qui, contrairement à la version italienne, ne paraît qu'une fois par semaine ; elle est rentable car elle se vend très bien en Pologne) ; l'abbé Mieczyslaw Mokrzycki, secrétaire particulier adjoint du pape ; monseigneur Henryk Nowack, responsable de la section polonaise de la secrétairerie d'État ; monseigneur Pawel Ptasznik, et d'autres compatriotes aux fonctions moins précises mais qui communiquent eux aussi directement avec monseigneur Stanislaw en ignorant les bureaucratiques et très lents canaux officiels.

Ils fonctionnent en circuit fermé, protégés et aidés par leur langue commune. C'est également le cas des cinq religieuses polonaises, recluses dans les appartements privés, que l'on a une petite chance de croiser au détour de l'Annona, le supermarché détaxé du Vatican où le beurre est danois, le fromage polonais, les alcools français, avec un département épicerie fine plus proche de « Monoprix Gourmet » que de Fauchon, où elles font leurs courses pour acheter les produits de base de la maison pontificale. C'est pratiquement la seule occasion pour les sœurs de quitter le troisième étage. Elles se sont exceptionnellement esquivées, une fois, en août 2000 pendant la veillée des J.M.J., pour voir leur « patron » se faire acclamer place Saint-Pierre par des millions de jeunes du monde entier. Elles se font alors furtives pour ne pas se laisser piéger par des photographes. Ni le public ni les journalistes ne connaissent leurs physionomies, l'un des secrets les mieux gardés d'Italie. J'ai eu pourtant cette chance, un jour que, m'étant perdue dans le dédale de couloirs des appartements privés du Saint-Père (je devais le rejoindre sur la terrasse où j'avais rendez-vous avec lui et monseigneur

Stanislaw pour une série de photos), je me suis trouvée nez à nez avec sœur Germana. J'étais évidemment très ennuyée qu'elle puisse s'imaginer, à tort, que je m'étais glissée là insidieusement. Notre entrevue a vite mal tourné. Affolée et refusant d'écouter mes explications et de regarder mon badge (une carte plastique ornée des armes pontificales avec mon nom), elle a appelé un garde suisse et lui a demandé de me reconduire à la porte de bronze. Mais j'avais eu suffisamment de temps pour l'observer. C'est ainsi que j'ai pu, comme par enchantement, approcher l'une des mystérieuses servantes du pape et nourrir utilement la curiosité de bon nombre de mes confrères italiens avides de détails...

Sœur Tobiana, infirmière-médecin, veille sur la santé du Saint-Père, à l'approvisionnement de la pharmacie, et l'accompagne depuis peu dans ses voyages.

Sœur Fernanda, la mère économie, gère le train de maison, fait le ménage et se charge de la bonne marche domestique.

Sœur Germana s'occupe des repas. La cuisine est une pièce très simple, rustique, avec une grande table de bois blanc recouverte d'une toile cirée à fleurs et peu d'appareils modernes style mixeur et machine à café Expresso. Au mur, beige et un peu défraîchi, une photo encadrée du pape marchant dans les jardins du Vatican. La sœur cuisinière porte un tablier, un voile qu'elle serre à la nuque et un petit col, tout cela blanc.

Sœur Eufrosyna, d'origine polonaise, juive convertie comme le cardinal Jean-Marie Lustiger, parle presque autant de langues que le Saint-Père : polonais, anglais, allemand, italien, français, elle suit donc sa correspondance privée et, avec une désuète machine à écrire et un petit ordinateur portable, répond au courrier et prépare des lettres sur un épais papier vélin frappé du timbre apostolique et des armoiries de Jean-Paul II. Lequel, ensuite, de son fin stylo à encre bleu marine, corrige, paraphe ou appose directement sa signature en latin : « Joannes Paulus II ».

À sœur Matylda revient la responsabilité du vestiaire. Cela peut prêter à sourire, mais il ne s'agit pas d'une charge de tout repos. Jean-Paul II a une vingtaine de soutanes de chez Annibale Gammarelli, le couturier des papes, des cardinaux et des évêques, dont le magasin est sis via Santa Chiara, près du Panthéon. De père en fils, depuis 1798, les Gammarelli habillent les papes sur mesure, dans des tissus plus ou moins riches. Ils ont sur fiche toutes leurs mesures depuis deux siècles (c'est chez eux qu'Édouard Balladur achète ses chaussettes rouges de cardinal en fil d'Écosse). Raffinement : les boutons des soutanes blanches du pape sont brodés de fil blanc formant des croisillons ton sur ton. Ces soutanes ont un liseré blanc sur blanc, presque invisible. Moins longues et moins amples que dans leur version ancienne, elles sont passées au-dessus d'une chemise blanche que ferme un col romain avec des poignets mousquetaires — le pape aime beaucoup les boutons de manchette ; il en reçoit souvent de ses familiers, qui connaissent ce détail. Soutanes et chemises doivent être impeccablement repassées pour tomber bien droit.

Les poches du pape sont toujours vides. En effet, il n'emporte avec lui aucun papier d'identité. Il est l'homme le plus connu du monde. Il n'a bien entendu jamais d'argent sur lui. Comme pour la reine d'Angleterre, s'il y a quelque chose à payer, sa suite s'en charge. Le pape ne reçoit aucun salaire, contrairement aux cardinaux qui perçoivent 5 300 000 lires par mois, c'est-à-dire environ 16 000 francs. Mais il est défrayé de tout, tel notre président de la République. Cependant, une fois par an, à l'occasion de la journée d'offrande de la fête de Saint-Paul et Saint-Pierre, le 29 juillet, les fidèles peuvent apporter leurs dons au Saint-Père. Ce compte personnel lui sert à alimenter à sa guise des œuvres charitables. Sœur Matylda doit aussi tenir à disposition du Saint-Père d'innombrables calottes car le vent les projette souvent au loin. Il lui incombe également d'entretenir les épaisses ceintures blanches, les longs manteaux crème et la série d'élégantes capes pourpres à fins liserés de fil rouge et or dont le haut est en forme de pèlerine. Elles sont réservées aux circonstances solennelles.

Selon un rituel du XIIe siècle, les vêtements blancs que le pape doit porter à l'intérieur symbolisent l'innocence et la charité ; les vêtements rouges qu'il revêt à l'extérieur rappellent le sang des martyrs, l'autorité et la compassion. Et il n'est évidemment pas question que le Saint-Père, malgré ses nombreuses activités de la journée, ait la moindre tache sur ses divers habits blancs. D'ailleurs, confie l'un de ses médecins, « dans les déjeuners de travail il ne mange jamais de salade, de spaghettis ou de tagliatelles afin de ne pas risquer la fatale goutte de vinaigrette ou de sauce sur son camail. En privé, il n'hésite pas à nouer une grande serviette autour de son cou ». Les mocassins bordeaux confectionnés par un bottier de Turin (autrefois taille 43, mais du 44 maintenant, car les pieds du pape sont plus fragiles) doivent évidemment être lustrés à la perfection. Le Saint-Père a aussi un bottier à Cracovie qui lui envoie des chaussures robustes. Enfin, chasubles et étoles brodées de fil d'or font l'objet des soins méticuleux des religieuses, travail difficile car le fil d'or s'oxyde et s'effiloche facilement.

Jean-Paul II porte toujours, à l'annulaire droit, l'anneau pontifical et, fixée à sa soutane, son imposante croix pectorale en or. Il possède plusieurs anneaux pontificaux car ce sont les rares présents vraiment personnels, avec les boutons de manchette et les montres, qu'on puisse lui offrir. Cependant, le pape n'accorde aucune importance à la valeur des cadeaux qu'il reçoit. Quel ne fut pas mon étonnement, lors d'une visite à Rome, alors que je lui avais offert une amusante petite montre en métal portant le logo du journal, avec, en guise de trotteuse, un appareil photo, de voir que le Saint-Père l'avait immédiatement attachée à son poignet à côté d'une lourde Rolex modèle President Oyster Perpetual en or à bracelet strié du même métal, qui lui avait été donnée par la communauté polonaise de Paris. Cela avait visiblement agacé quelques membres de son entourage, mais pas monseigneur Dziwisz, qui trouvait ma montre si rigolote que je lui en ai aussi donné une par la suite.

Une des sœurs, souvent sœur Matylda, lui fait régulièrement les mains. Chaque mois, Antonio, le coiffeur barbier du Saint-Père, qui a un salon au Borgo Pio, vient lui couper les cheveux.

Le dimanche, la communauté polonaise proche du Saint-Père s'élargit. Plus encore que dans le passé, à quatre-vingts ans, le pape aime s'entourer, le jour du Seigneur, de visages familiers. D'abord le cardinal Andrzej Maria Deskur, soixante-seize ans, son ami intime depuis le séminaire, issu de l'aristocratie polonaise nantie et élevé par des nurses anglaises et françaises dans le château de famille, près de Kielce, un moment confisqué par les communistes. Il a deux frères en Pologne. L'un d'eux élève des petits chevaux de race. Il parle sans accent aussi bien le français que l'anglais. Théologien de haut niveau, d'une grande aisance mondaine, très bon joueur de bridge, l'esprit vif, il fut longtemps président du Conseil pontifical pour les communications sociales. Aujourd'hui, il en est resté le président honoraire. Il est l'un des membres les mieux informés de la curie romaine. Seule disgrâce, Deskur, plus proche du pape que tout autre dignitaire de l'Église, est resté, à cinquante ans, paralysé à la suite d'une attaque pendant le conclave de 1978. S'il est dans une petite chaise, sa tête fonctionne très bien ! Cet intellectuel influent à l'humour corrosif fit ardemment campagne pour l'élection de Jean-Paul II, lequel, avant d'occuper le siège de saint Pierre, habitait presque toujours chez lui lorsqu'il s'arrêtait à Rome. Quelques heures après son élection triomphale, c'est à Deskur qu'il consacra sa première sortie pour lui rendre visite à l'hôpital Gemelli. Chaque dimanche sans exception, le cardinal Deskur vient vers 13 heures retrouver le pape pour déjeuner. Ils fêtent toujours ensemble leurs anniversaires respectifs et, le 4 novembre, la Saint-Charles, fête du souverain pontife.

« Je me creuse la tête toute la semaine pour trouver de nouvelles blagues à lui raconter », me confie-t-il.

— Mais sur quoi, Éminence ?

— Sur saint Pierre. Sur le cardinal Martini. Sur le cardinal Ratzinger. Et sur les Italiens de la curie romaine. Les sujets ne manquent pas !

— Vous voulez insinuer que les Italiens l'agacent ?

— Non, ce n'est pas exactement cela. Il ne comprend pas toujours ce qu'ils tentent de lui expliquer. Il les trouve un peu alambiqués et confus ; comme il n'est guère enclin à la polémique, il a souvent tendance à trancher les discussions avec eux d'un argument bref et bien ciblé. »

Le cardinal Deskur a, avec le pape, une liberté de ton qui stupéfie toujours les autres invités.

Ces chaleureux repas (qui commencent toujours par le bénédicité) où l'on sert des plats polonais : soupe à l'orge légèrement acidulée, tripes à la Wadowice, c'est-à-dire au basilic et aux oignons sauvages, côtelette de porc chasseur aux choux, tarte aux épinards, fromages forts, sont souvent l'occasion de réunir, hors de tout protocole, le dimanche, des personnalités polonaises du

Saint-Siège, la « curie parallèle », dont certains sont logés dans les *palazzi* du Vatican, et aussi des intellectuels polonais — dont son ami de jeunesse et écrivain le père Mieczyslaw Malinski —, des évêques de passage, des amis du collège polonais de l'Aventin et naturellement, quand il se trouve à Rome, Jerzy Kluger, le plus vieil ami de Karol Wojtyla depuis le collège Marcin-Wadowita. Juif polonais résidant entre Londres et l'Italie, cet ingénieur de formation, devenu un homme d'affaires important, est le seul avec lequel Wojtyla puisse encore évoquer les souvenirs lointains de leur enfance commune à Wadowice, cette petite ville du Sud polonais qui le vit naître le 18 mai 1920. La guerre les sépara, mais Jerzy retrouva en 1978 son brillant camarade de classe devenu pape.

Ainsi se réunissent-ils entre Slaves pour un repas détendu où l'on plaisante beaucoup, et où l'on chante parfois. Contrairement à la légende, le Saint-Père ne boit pas de vodka polonaise, juste son habituel verre de vin blanc des vignes pontificales coupé d'eau. En revanche, ses convives polonais lui font honneur, prétextant que la vodka polonaise est moins nocive que la russe. Jean-Paul II est, avec eux, détendu comme il ne l'est jamais dans ses repas plus officiels, heureux de reconstituer cet univers intime et chaleureux qui lui a tant fait défaut.

C'est sans doute grâce à cette atmosphère familiale et soutenu par sa foi immense que Jean-Paul II réussit à préserver son équilibre et à traverser les épreuves.

Un dimanche, alors qu'il recevait, dans l'une des

grandes salles solennelles d'audience, des pèlerins polonais qui se précipitaient passionnément pour le toucher, il leur dit en riant, avec cette familiarité dont il fait toujours preuve avec ses compatriotes et qui agace tellement le personnel italien du Vatican : « Nous sommes tous cousins. Vous n'avez qu'à dire que vous avez un parent à Rome, cela vous facilitera l'obtention d'un visa. » Une simple boutade, mais qui illustre parfaitement l'attachement viscéral qu'il a pour son peuple ! Parmi ses visiteurs polonais, le Saint-Père reçoit avec une attention particulière les religieux qui ont été séminaristes à Cracovie quand il y était archevêque. Il avait coutume de voir ces jeunes gens individuellement et d'être à l'écoute de leurs problèmes. Il en a vu passer un bon millier. « Cela, explique le père Pawel Sukiennik, qui était l'un d'eux, a créé entre nous et Karol Wojtyla des liens profonds qui subsistent trente ans après. » Le père Sukiennik est aujourd'hui curé de la paroisse de Niegowic dont Jean-Paul II fut le vicaire entre 1948 et 1949.

Enfin, le successeur du prince des Apôtres, qui, depuis les débuts de son pontificat, est partagé entre son engagement pastoral, son mysticisme et son penchant pour la théologie, a placé son existence à Rome sous la protection de la Vierge polonaise de Czestochowa. En tant que Polonais, il la vénère avant toute autre représentation de Marie. Il a accroché une reproduction de l'icône dans la chapelle de ses appartements privés. La Vierge noire de Czestochowa portant l'Enfant Jésus, surnommée ainsi à cause de son visage sombre, est la sainte patronne de la Pologne. Ses fidèles lui attribuent des dons miraculeux. Ils sont convaincus qu'aux heures les plus dures de leur histoire elle a ranimé la foi du pays et l'a sauvé de la menace russe. Ainsi Wojtyla lui a-t-il confié sa vie et son ministère dès son ordination sacerdotale en 1946. Geste qu'il a renouvelé en 1999 à genoux, au pied du sanctuaire de Czestochowa, sur la colline de Jasna Gora, en Pologne. Et il a envoyé à ce sanctuaire la large ceinture blanche tachée de sang qu'il portait à la taille le jour de son attentat du 13 mai 1981. Car, comme il l'avait déclaré quelques semaines plus tard aux fidèles venus place Saint-Pierre : « La Vierge a détourné de sa propre main les balles meurtrières. » Quand il se rend en Pologne, le Saint-Père y rencontre son ancien condisciple de séminaire, le cardinal Franciszek Macharski, archevêque de Cracovie, qui fait lui aussi partie du cercle de ses très proches et qui le loge toujours à l'évêché (qui fut sa « maison » de 1964 à 1978). Quand le cardinal vient à Rome, il prend au moins un repas avec Jean-Paul II.

Le cardinal Macharski m'a reçue à l'archevêché de Cracovie, un lieu très italien par sa décoration et son atmosphère. Au sol, d'élégants pavés de marbre noirs et blancs. Des appartements majestueux aux couleurs florentines et partout des tableaux religieux anciens, dont une galerie des papes depuis la Renaissance. Le cardinal m'a confié : « Dès sa jeunesse, Jean-Paul II a su quel serait l'essentiel dans sa vie. Certes, il ne pensait pas devenir pape. Mais déjà il était celui qui a dit, le jour de son élection place Saint-Pierre : “ N'ayez pas peur. ” Déjà très mystique, il priait énormément. Il se dominait beaucoup et n’aimait pas trancher. Il voulait que les gens soient responsables d’eux-mêmes. Ce qui est frappant, c’est qu’il écoute toujours, aujourd’hui comme hier, ses interlocuteurs jusqu’au bout. Malgré sa piété profonde, c’était aussi un homme d’action ; comme prêtre, comme évêque, comme cardinal, il savait mobiliser les fidèles et surtout les jeunes. La Pologne est toujours présente dans sa prière. »

Il est donc incontestable qu’au plus profond de lui-même l’amour de son pays tient une place essentielle dans le cœur du Saint-Père. Deskur dit qu’il serait capable de quitter le Vatican en une heure pour aller porter secours aux Polonais, qui le lui rendent bien. Partout où il pose les pieds sur sa terre natale, ils lui érigent une statue, toujours en bronze. Détail : sur ces statues, la soutane du Saint-Père est toujours volontairement emportée sur la droite comme par un vent qui se lève de l’ouest vers l’est !

Autre trait de caractère typiquement polonais de Jean-Paul II, comme l’explique le cardinal Poupard : un goût inné du secret. Victime des régimes totalitaires de l’Est et donc méfiant, le pape pratique la prudence depuis toujours. « Je ne l’ai jamais vu prendre aucune note, dit le cardinal, alors qu’il m’a toujours interrogé sur des sujets variés avec une grande précision. Il n’écrit rien et se fie uniquement à sa mémoire exceptionnelle. Habitué à cerner les problèmes, il ne se laisse pas détourner de ce qu’il veut connaître. Tout au plus demande-t-il à la personne qu’il reçoit de lui remettre une fiche technique où la signature n'apparaît jamais. » Réflexe évident de circonspection d'un Polonais de l'Église du silence, cette Église qui, pendant toutes les années de régime totalitaire, a été le seul lieu d'expression de la liberté polonaise. Les églises étaient les seuls endroits où la police politique n'entrait pas.

C'est en secret que Karol Wojtyla, après l'invasion nazie et le séminaire clandestin (parce que dans un pays communiste), fut ordonné prêtre le 1er novembre 1946 à Cracovie, dans la chapelle privée du cardinal prince Adam Stefan Sapieha. Cinquante-quatre ans plus tard, on n'échappe pas à son passé. La prudence du Saint-Père est amplement justifiée car, en cette fin de règne, où courent tant de rumeurs, des oreilles malveillantes pourraient être à l'écoute dans les immenses palais pontificaux, et les spécialistes électroniciens du Vatican sont sans cesse à la recherche de micros cachés. Ils en ont déjà trouvé. Cette forme d'espionnage serait redoutable au cours d'un futur conclave (sans parler des portables). La Constitution apostolique, au sujet de la vacance du siège pontifical, prévoit que pendant le conclave « deux techniciens de confiance » s'assureront qu'aucun moyen d'enregistrement ou de transmission ne pénétrera dans la chapelle Sixtine où s'assembleront les cardinaux, ni dans les locaux de Domus Santae Marthae dans l'enceinte même du Vatican et tenu par les sœurs de la Charité, où ils seront logés.

L'amour de sa terre natale est si puissant que Jean-Paul II, en vingt-deux ans de pontificat, y est retourné sept fois. Il y est toujours accueilli avec autant d'enthousiasme. Aujourd'hui encore, presque dix ans après la chute du régime communiste, la première chaîne nationale de télévision polonaise comme la radio nationale retransmettent tous les dimanches, à midi, en direct, la bénédiction papale de la fenêtre des appartements du Vatican. Et l'aéroport de Cracovie a été baptisé l'année dernière « aéroport Jean-Paul II ». De Gaulle et Kennedy n'ont eu un tel honneur qu'après leur mort !

En 1982, Jean-Paul II, qui était allé en Toscane, à Livourne, visiter une usine Solvay — société qui l'employa comme casseur de pierres pendant la guerre, dans ses carrières de soude à Cracovie —, avait fourni dans son allocution l'une des explications de cet attachement. « La Pologne, avait-il dit, est ma patrie, bien que, depuis que je suis devenu pape, ma patrie soit aussi le monde. En tout cas je dois à la Pologne ceci : c'est un pays qui a beaucoup souffert et qui m'a préparé à comprendre tous ceux qui souffrent aussi bien par manque de biens que par manque de liberté. Ma solidarité avec tous les peuples qui souffrent m'est donc naturelle. »

2

5 h 30 : une fenêtre s'éclaire place Saint-Pierre

Il fait si noir qu'on aperçoit à peine le fronton de la basilique dans la Ville éternelle encore endormie. Giovanni, au volant de l'engin de lavage motorisé prêté au Vatican par la municipalité de Rome, asperge copieusement l'esplanade de la place Saint-Pierre. Il coupe ses jets d'eau pour ne pas m'éclabousser. Il est 5 h 30. Je suis avec lui le seul être humain présent à cette heure matinale sur la célèbre place. Giovanni se penche par la fenêtre de son engin et me désigne une fenêtre éclairée au troisième étage du palais pontifical : « *Il papa lavora già !* » (« Le Pape travaille déjà ! ») Je contemple, émue, comme lui, la petite lumière qui brille là-haut. C'était donc vrai. Jean-Paul II, malgré son âge, ses infirmités, sa fatigue, se lève chaque matin à l'aube comme un moine pour prier et travailler, seul, alors que tout le Vatican sommeille.

Quand on m'avait assuré : « Le pape se lève à l'aube », j'avais eu du mal à le croire. Les directeurs de la communication me disaient toujours cela des grands hommes politiques quand eux-mêmes ne prétendaient pas se réveiller au chant du coq pour écrire des livres historiques. Jacques Attali affirme même ne dormir que quatre heures par nuit. Et pourtant, hier, dans l'avion de Rome, à 9 heures du matin, mon voisin, un parlementaire français, s'était assoupi quasiment sur mon épaule. Alors comment imaginer que le pauvre pape, affligé de tant d'épreuves physiques, pouvait, comme le déclarait son entourage, avoir ces horaires de trappiste ?

Voulant faire la part de la vérité et de la légende, j'étais donc venue à 5 heures sur la place Saint-Pierre. À 5 h 30 précises, la fenêtre du pape s'était illuminée. J'étais émue, certes, comme Giovanni, mais j'étais aussi secrètement satisfaite : je ne m'étais pas laissé avoir par les hagiographes du Saint-Père. Je ne regrettais pas de m'être levée si tôt.

Son meilleur ami, le cardinal Deskur, son « frère de cœur » selon l'expression d'un de ses proches collaborateurs, et aussi quelques cardinaux qui par discrétion m'ont demandé le secret m'ont raconté une journée de Jean-Paul II presque minute par minute. J'ai pu constater par moi-même que leurs informations étaient véridiques et non le reflet d'une pieuse complaisance. J'ai en effet assisté une fois à la messe matinale du pape, j'ai vérifié ce qu'il prenait au petit déjeuner. J'ai été reçue après sa messe et à de nombreuses reprises j'ai pu le suivre plusieurs heures durant dans ses activités quotidiennes.

Quand le Pape se réveille de lui-même à 5 h 30 (il n'a pas besoin d'un réveille-matin), comme il en a l'habitude depuis sa jeunesse, il tend sa longue main frêle, si surprenante dans une carcasse carrée, avec l'anneau pontifical qui ne le quitte jamais, vers sa table de nuit. Il tâtonne un instant entre le bréviaire, la photo de ses parents et sa croix pastorale qu'il a posée là, et presse enfin l'interrupteur en métal doré. Sa lampe de chevet à l'abat-jour gris s'illumine. Alors le pape passe sa robe de chambre et gagne sa table de travail qui n'est qu'à cinq mètres de son lit. C'est un meuble de bois clair avec un plateau de cuir rouge, éclairé par une banale lampe d'architecte à pince et bras mobile.

Là, dans cette chambre presque ascétique, au milieu de ses objets familiers, dont les plus chers à son cœur sont le portrait de sa mère dans un cadre ovale en argent et la reproduction de la Vierge de Czestochowa, il médite de longues minutes dans le silence de la nuit.

Puis il se lève et se dirige vers sa salle de bains qui a été, depuis ce 29 avril 1994 où il y a glissé en se cassant le col du fémur, munie d'un sol antidérapant. Aux murs, des poignées métalliques. Le pape se rase et prend sa douche.

Sœur Matylda a préparé la veille les vêtements du Saint-Père : soutane et camail blancs en fine laine et mocassins de cuir bordeaux. Parfois, elle vient l'aider à s'habiller.

Il est alors 6 h 30. Il se dirige vers sa chapelle privée aux murs de marbre de Carrare qui fut aménagée par Paul VI. Au-dessus de l'autel, un immense crucifix de bronze. C'est pour le pape le moment le plus important de la journée. Il est seul avec Dieu. Il s'agenouille sur le sol puis s'allonge de tout son long. C'est la façon mystique de prier des prêtres polonais. J'en ai été témoin, très impressionnée, et cela m'a rappelé les cérémonies de prise d'habit de mon collège de dominicaines où les novices en voile blanc s'allongeaient sur le dallage en posture d'adoration totale. Le même rite est observé dans les ordinations de prêtres et même d'évêques.

Le Saint-Père reste ainsi de longues minutes en prière. Puis il se relève au moment où entrent deux religieuses qui allument les cierges sur l'autel. Il s'agenouille alors sur son prie-Dieu de bronze, meuble massif muni d'une tablette sur laquelle il peut écrire s'il le souhaite les réflexions que lui a inspirées sa méditation. Ensuite, ses secrétaires, monseigneur Stanislaw Dziwisz et monseigneur Mieczyslaw Mokrzycki, l'aident à revêtir sa chasuble en soie blanche avec une croix rouge et un liseré de même couleur. Elle peut aussi être vert espérance, blanche avec des bandes bleues, ou encore brodée. Cela dépend de la liturgie. Le Saint-Père en possède d'innombrables, cadeaux des fidèles du monde entier. Il en donne beaucoup aux évêques qu'il reçoit ou même à de simples prêtres. Quelle joie et quel honneur pour eux de pouvoir dire la messe dans une chasuble qui a été portée par le pape !

Une quinzaine d'invités arrivent alors pour assister à la messe privée. Ils sont d'origines et de conditions très diverses : des évêques étrangers, des visiteurs illustres dont le premier fut le roi Baudouin, suivi de Raymond Barre, de Jean Guitton et de Maradonna, entre autres, ou de simples croyants qui ont écrit au pape pour lui demander cette faveur. C'est dire que les critères de choix sont entièrement différents de ce qu'ils seraient à l'Élysée ou à la cour d'Angleterre. Les invités eux-mêmes ne les comprennent pas bien et s'étonnent d'être en une compagnie si disparate. Ceux qui habitent à l'étranger ont été prévenus par lettre par sœur Eufrosyna et ont fait le voyage exprès. Ceux qui sont à Rome ont été avisés la veille par un bref coup de téléphone de monseigneur Dziwisz. Personne ne présente les invités les uns aux autres. On voit ainsi les rois dévisager curieusement les écrivains, les évêques ou les stars. Quant à moi, tout le monde se demandait qui j'étais. Le Saint-Père dit la messe en latin et en italien en intercalant, par courtoisie envers les étrangers présents, des passages dans leur langue. C'est le premier moment de la journée où il parle une langue étrangère.

À défaut d'une des religieuses, l'un des invités, généralement un prêtre, sert la messe. Elle dure un peu plus que la normale car les gestes du pape sont ralentis par l'âge. Maintenant, le Saint-Père donne rarement lui-même l'eucharistie où même son entourage laïque, c'est-à-dire son majordome, son médecin et son photographe communient toujours. Cela le fatigue d'autant plus que les calices ciselés en or de vingt-deux carats, merveilleuses œuvres d'art, pèsent trop lourd pour ses mains affaiblies. Il n'y a pas d'homélie, mais la messe est suivie d'une action de grâces. Les religieuses qui assistent à la messe privée ont le visage radieux. Certes, la piété y est pour quelque chose, mais c'est aussi pour elles l'occasion de sortir de leurs humbles tâches et de voir du monde. Quand un invité célèbre est présent, elles ne cessent de lui jeter des coups d'œil furtifs. Généralement, tous les invités communient.

Lorsque le pape, en se tournant vers l'assistance, lance « *ite missa est* », une curieuse excitation s'empare de tous ces privilégiés. On sent de la fébrilité dans l'air. Personne ne sait en effet ce qui va se passer ni ce qu'il faut faire. On ne leur a rien dit. Qui va être gardé pour le petit déjeuner ? En fait, il y aura tout au plus deux ou trois convives, mais tout le monde va être reçu, après la messe, dans le petit salon privé beige meublé d'une bibliothèque en bois massif. Là, le pape accorde à ses hôtes une audience de quelques minutes, immortalisée pour leur plus grande fierté par son photographe officiel Arturo Mari, un homme à la cinquantaine élégante, blazer noir et pantalon gris. Je l'ai longtemps pris pour un jésuite.

C'est à ce moment-là que les invités remettent au pape le cadeau qu'ils ont préparé avec amour : cela va du chèque pour les œuvres à la montre précieuse. Les plus modestes sont, au hasard, un portrait en tapisserie, des bouquets de fleurs, des boîtes de chocolats, voire des fromages ou des *panettone*. J'ai même vu des invités lui offrir son propre portrait réalisé en spaghettis ou en sucre candi ! Véritables chefs-d'œuvre ayant demandé des heures de travail que ces gens lui remettaient avec un air de gaieté et de bonheur profond. Des religieuses mexicaines ont apporté des pots de confiture de goyave qu'elles avaient faite elles-même. Le boxeur olympique italien Patricio Oliva lui a offert ses gants de boxe. Tous tendent spontanément leurs cadeaux au Saint-Père, mais c'est son digne maître d'hôtel, Angelo Gugel, soixante-cinq ans, ancien gendarme, qui s'en empare et les pose sur une grande table, en essayant de les arranger harmonieusement. Le pape offre alors des médailles, des chapelets de nacre et des porte-clés à son effigie. Selon le rang de l'invité et l'inspiration personnelle du Saint-Père, ces objets de piété peuvent être en bronze, en argent ou même en or.

Les gardes suisses, qui, au milieu de la chaleur générale, conservent leur côté hiératique, guident alors doucement vers la sortie la plupart des invités, sauf les rares élus qui partageront le petit déjeuner du pape. Honneur suprême, car, il n'y a pas si longtemps, l'usage était que les papes prennent tous leurs repas seuls.

Le petit déjeuner est servi vers 8 heures dans la salle à manger proche du salon. Ses murs bruns sont ornés de tableaux primitifs religieux et d'un très beau triptyque. Autour de la table rectangulaire recouverte d'une nappe blanche, six fauteuils de velours bordeaux à accoudoirs et hauts dossiers. Le pape occupe seul un des côtés longs de la table, vestige de l'ancien protocole qui exigeait que les papes n'aient pas de voisin de table. Au menu : café ou thé, lait, confiture de fruits rouges ou de prunes très concentrée, comme en Pologne, œufs brouillés aux oignons sauvages ou aux herbes, copeaux de jambon, fromage et *rosette*, bien sûr, ces petits pains ronds tièdes typiquement italiens en forme de rose dont le Saint-Père raffole. On en sent l'odeur délicieuse le matin dès qu'on pénètre dans ses appartements privés. « Je suis venu à Rome exprès pour manger ces petits pains », plaisante parfois le Saint-Père. Jean-Paul II prend du thé Earl Grey (thé anglais parfumé à la bergamote). Il ne consomme jamais de café. Pour lui, qui n'est pourtant ni gourmet ni gourmand, ce petit déjeuner très polonais (le *sniadanie*) est le principal repas de la journée. C'est pourquoi il tient à ce qu'il soit copieux. « Quand on mange, on travaille mieux », a-t-il dit un jour aux dominicaines de Saint-Sixte, à Tours, chez lesquelles il avait invité à déjeuner tous les évêques de France en septembre 1996, lors de sa visite dans notre pays.

La vaisselle est en porcelaine ivoire à filet d'or et porte les armoiries du pape. C'est l'œuvre de Richard Ginori, le célèbre porcelainier italien. À l'inverse de la reine d'Angleterre, le Saint-Siège ne délivre pas de certificat « fournisseur de Sa Sainteté ». Bien plus, si les fournisseurs font là-dessus leur publicité, on ne leur commande plus rien. La plupart des invités sont si intimidés qu'ils n'osent pas toucher à grand-chose. Ils ont peur de se faire des taches de confiture (Jean-Paul II ne se tache jamais) et plus encore d'avoir la bouche pleine quand le pape leur adressera la parole. C'est d'autant plus dur pour eux que viennoiseries, pains et œufs brouillés dégagent de délicieux parfums et qu'Angelo Gugel, le majordome, les pousse chaleureusement à goûter à tout : « *È molto buono* », insiste-t-il. La cuisine du Vatican est par tradition à la fois sobre et très soignée. Les cardinaux sont eux-mêmes gourmands. (Je me suis laissé dire que, lorsqu'ils partent en déplacement, ils échangent entre eux, telle une sorte de guide Michelin, les adresses des couvents et monastères où l'on mange la meilleure cuisine...)

Vers 9 heures, le vicaire du Christ se rend dans son bureau privé. Le bureau proprement dit est en acajou, muni d'une rallonge permettant à une secrétaire de s'asseoir et de poser son bloc. Le poste téléphonique est blanc. Ici, les portables n'entrent pas. De toute façon, il y a tellement d'émetteurs de Radio Vatican qu'ils brouillent toutes les lignes. Outre le téléphone blanc qui dessert les appartements privés et le secrétariat, il y a un poste gris qui permet d'appeler tous les services du Saint-Siège et un noir pour la ligne extérieure. Jusqu'à Paul VI, il était inconcevable de parler au pape par téléphone. Aujourd'hui, Jean-Paul II prend parfois des communications mais après un triple filtrage, par le standard général, puis par son standard personnel, enfin par monseigneur Dziwisz. Le pauvre Jean-Paul Ier, qui ne comprenait pas bien comment fonctionnait le filtrage, répondait les premiers jours en direct à tous ceux qui l'appelaient. Un jour, un journaliste de la *Gazette de Venise* qui voulait joindre son secrétaire eut le pape à l'appareil et fut tellement stupéfait qu'il se perdit en excuses et en vœux de tout genre et en profita ensuite pour faire un scoop.

À portée de la main du Saint-Père, sur le côté de son bureau, l'annuaire pontifical pourpre et or — le *Who's who* des notables de l'Église — et le répertoire téléphonique de toutes les communautés religieuses relié de box blanc. Devant l'écritoire du pape en cuir marron, une pendule en bronze et cristal et un crucifix sur un socle noir.

Sur le chemin de son bureau, il a pris sur une console plusieurs quotidiens : *La Stampa*, *La Repubblica*, *Il Corriere della Sera*, *The International Herald Tribune*, *Die Welt*, *Le Figaro*. On lui apportera plus tard, dans une chemise en cuir blanc frappée des armes papales, *L'Osservatore Romano*, organe officiel du Vatican.

Le Saint-Père, qui parle sept langues, parcourt les gros titres de tous les journaux. Il lit les articles qui l'intéressent en employant une technique de lecture rapide à la manière de John Kennedy. Il consulte surtout la revue de presse rédigée par la secrétairerie d'État — l'équivalent de notre hôtel Matignon — et se plonge avec bonheur dans *Tygodnik Poweszechny*, le quotidien catholique de Cracovie où écrit régulièrement son grand ami le père Adam Boniecki. Il reste dans son bureau privé jusqu'à 11 heures, dictant son courrier à sœur Eufrosyna.

C'est dans ce bureau, à l'écart des bruits du monde, que Jean-Paul II a rédigé ses encycliques ainsi que *L'Évangile de la vie*, en 1995, best-seller diffusé dans cinquante-deux pays et vendu à plus de quatre millions d'exemplaires. Les droits d'auteur, comme ceux de tous ses livres, sont allés à des œuvres charitables via son compte personnel à la Banque vaticane. Dans un coin du bureau est rangée, sous la fenêtre, une petite estrade antidérapante sur laquelle, le dimanche, le Saint-Père se juche pour bénir les dizaines de milliers de fidèles massés sur la place Saint-Pierre.

Reflet de la personnalité de Jean-Paul II, les appartements privés ont un aspect très différent de celui qu'ils avaient sous les précédents pontifes. Là aussi, tout a été simplifié. Au-delà de cette architecture admirable de la Renaissance italienne avec ses volumes impressionnants, ses trompe-l'œil, ses fresques, ses grandes pièces hautes de plafond et ses stucs dorés à l'or fin, l'atmosphère est ici plus simple que flamboyante. Même si, dans le sol de marbre de l'entrée, sont incrustées en pierres dures, rares et multicolores les énormes armoiries d'un pape aristocratique du XVIe siècle et qu'au-dessus de la lourde porte d'entrée sont apposées celles de Jean-Paul II. Elles ont été dessinées par un héraldiste lorsqu'il était archevêque de Cracovie. Elles comportent une croix latine décentrée et un M d'or sur fond azur pour symboliser la grande dévotion de Karol Wojtyla à la Vierge Marie. Quand il a été élu pape, l'écusson a été enrichi de la tiare pontificale et des clés de saint Pierre en or et argent. Cet appartement d'une vingtaine de pièces, rendu familier grâce à une multitude d'objets usuels et de souvenirs légèrement kitsch, n'a plus rien de pompeux ni d'austère. Il est devenu un lieu convivial où aujourd'hui les huissiers très stylés en longue veste aubergine, col cassé blanc à chaînes croisées d'or et d'argent et les athlétiques gardes suisses dans leurs uniformes bicolores en faction devant la porte paraissent presque anachroniques et peu en phase avec le style personnel de Jean-Paul II, à la fois affectif et dépouillé. Le pape a disposé ici et là des photos de sa mère adorée, Emilia, des madones modernes, des reproductions d'icônes de la Vierge, des crucifix de métal doré et un portrait du cardinal Wyszynski, l'ancien primat de Pologne. Un peu partout des cadeaux de pèlerins, objets éclectiques sans prétention. Rassurée par la modestie de certains de ces objets, je n'ai pas hésité, lors d'une de mes visites, à offrir au Saint-Père une loupe de laque noire et émail et un stylo assorti d'un orfèvre parisien. Curiosité au travers de laquelle, dès qu'il l'eut prise dans la main droite, le pape, particulièrement détendu ce matin-là, s'amusa à me fixer sous le regard étonné de deux jeunes évêques étrangers.

Ces souvenirs sans grande valeur auxquels il est attaché tranchent avec la solennité des lieux, héritage fastueux de pontifes bâtisseurs du XVIIIe siècle tel Pie VI (1775-1799), auquel le Vatican doit une partie de son lustre actuel. Karol Wojtyla a su rompre avec un passé très italien où l'on mettait surtout en valeur les précieux meubles et objets de la Renaissance : consoles de bois doré, statues de pierre médiévales, cabinets du XVe siècle ornés de pierres dures et autres meubles rares estampillés aux armes du Vatican. On est un peu étonné de rencontrer dans ces lieux célèbres tant de simplicité et de refus de l'apparat. Surtout pour une journaliste française assez familière de la pompe de l'Élysée, des ministères et de leur personnel hautain. Grâce à ces bibelots qui lui tiennent à cœur et à quelques plantes vertes, le pape a réussi à rendre moins intimidant cet imposant décor patiné par le temps où, au rebours de tant de nos palais nationaux, nulle épouse de ministre au goût incertain n'est venue altérer les merveilles léguées par le passé. On a même presque l'impression que ces pièces de musée héritées des papes de la Renaissance sont, avec lui, devenues des objets usuels !

À 11 heures commence la vie publique de Jean-Paul II. Il passe alors de ses appartements privés dans l'aile est au troisième étage (de « ma maison », comme il dit) à ses appartements officiels qui se trouvent juste en dessous, au deuxième étage. Ils comportent vingt pièces principales, exactement comme les appartements privés, dont ils sont la réplique. C'est à cet étage que se déroulent depuis 1870 les principales activités officielles du Saint-Père. Il reçoit les cardinaux et les pèlerins importants dans la somptueuse salle du consistoire. Les chefs d'État et les puissants de ce monde sont accueillis dans la grande Bibliothèque pontificale. Elle est si semblable à celle de l'étage du dessus que les gens importants que le pape accueille s'imaginent cette fois en audience privée dans les appartements privatifs. Cette aventure est arrivée récemment au président du Honduras et à la grande duchesse de Luxembourg. Elle l'apprendra peut-être ici. En fait, les réceptions de chefs d'État ont toujours lieu dans les appartements officiels. Ce fut le cas pour Valéry Giscard d'Estaing, reçu, le 28 octobre 1978, douze jours après l'élection du pape. De toute urgence, le Saint-Père avait donné audience le 24 au président italien Alessandro Pertini pour qu'il fût le premier chef d'État à être reçu par lui, avant un étranger. Selon un protocole immuable, un « introducteur », le *Decano di Sala* *, et son assistant attendent les hôtes illustres à la porte des appartements et les accompagnent jusqu'au seuil de la Bibliothèque où, debout, le Saint-Père les reçoit. Ils baisent l'anneau papal et lui serrent la main après s'être inclinés devant lui.

Au cours d'audiences plus officielles, toujours dans ces mêmes appartements du deuxième étage, vont se presser les ambassadeurs près le Saint-Siège, hauts

* Sorte de chambellan.

fonctionnaires internationaux... Tous veulent avoir un entretien en aparté avec le pape. Le Saint-Père cherche à l'esquiver quand il craint que cela ne devienne conventionnel et diplomatique. La tactique est infaillible pour l'éviter. Elle se déroule en deux temps. D'une part, il prend, dès que la conversation devient fade, une mine de vieillard épuisé, ce qui déjà décourage le bavard. D'autre part, avec beaucoup de gentillesse, il le dirige du geste vers son Premier ministre, le cardinal Sodano, en proclamant d'une voix chaleureuse : « Bon séjour à Rome ! » Beaucoup de ces hauts personnages sont divorcés ou en situation irrégulière et savent que le pape le sait, ce qui les met un peu mal à l'aise.

Le décor joue aussi son rôle inhibiteur et impressionnant. Aussi courts que soient les entretiens, ses interlocuteurs sont médusés par le charisme du pape et son extraordinaire capacité à saisir les problèmes de cette fin de siècle. Ils sont curieusement, eux, les habitués de la langue de bois, déconcertés par sa franchise et sa liberté de parole. Visiblement, les grands de ce monde ne l'impressionnent guère. Quand Giovanni Agnelli, qu'on surnomme le « roi d'Italie », est venu lui offrir une Fiat blindée de 1 million de francs, il ne lui a accordé qu'un regard. Et quelques secondes pour la photo. Mais le soir même il a reçu longuement des sœurs polonaises qui avaient passé des années au goulag et a chanté avec elles. Certains interlocuteurs, souvent des hommes politiques, cherchent parfois à l'embarrasser en lui posant des questions percutantes. Il leur répond par des phrases tranchantes et concises.

Comme le dit Valéry Giscard d'Estaing, il n'entame jamais de polémique. Il pose une phrase qui clôt le débat. « Sa prodigieuse mémoire, sa vaste culture et son sens inné de la formule viennent alors à son secours », constate le cardinal Poupard.

Après cette audience, publique, le pape entraîne à part les plus importants de ses interlocuteurs, auxquels il offre sur un plateau d'argent tenu par le *decano di sala* des médailles ou des reproductions d'œuvres d'art des musées du Vatican, tableaux ou mosaïques. Les médailles sont présentées dans des étuis de moire vert foncé ou bordeaux frappés des armoiries dorées du pape. Il reçoit le plus souvent en échange d'autres présents, souvent de médiocres reproductions d'œuvres d'art des pays d'origine de ses illustres visiteurs. Pour le quatre-vingtième anniversaire de Jean-Paul II, le président du Sénat Nicola Mancini lui a offert une copie de la Constitution italienne avec cette dédicace : « Le pape aussi est le père de notre patrie. » (En Italie, comme on le voit, religion et politique font bon ménage.) Le parlementaire Marco Pannella lui a remis un manuscrit religieux du XVIe siècle. Ici aussi, c'est le rôle d'Angelo Gugel de recevoir les cadeaux et de les disposer harmonieusement sur une table en noyer. Toutes ces formalités forment un subtil ballet qui sent son Versailles ou son palais byzantin. Ces cadeaux seront ensuite répertoriés sur un registre et stockés à la Floreria apostolica, qui est à la fois musée privé des papes, réserve d'objets et caverne d'Ali Baba pour décorer les bureaux des divers dicostères et conseils pontificaux. Certains des présents reçus par le Saint-Père, avant tout les denrées périssables, sont distribués aux enfants de l'hôpital Bambin Gesù, l'hôpital des enfants malades de Rome, aux pensionnaires de la maison de mère Teresa, installée dans l'enceinte même du Vatican, ou à d'autres institutions caritatives.

On compte plusieurs centaines d'audiences privées par an. Elles sont réservées aux cardinaux qui résident à Rome, aux chefs d'État, aux Premiers ministres et hommes politiques de premier plan, aux diplomates venus présenter leurs lettres de créance et à quelques écrivains ou scientifiques illustres. C'est au cours de ces audiences privées que le pape, qui, pour sa part, n'accepte aucune décoration, remet à ceux qu'il veut honorer, à condition qu'ils ne soient pas divorcés, l'Ordre suprême du Christ ou d'autres distinctions honorifiques.

Il est entre 13 h 30 et 14 heures lorsque le pape déjeune. En fait, il n'a pas d'heure très précise, ce qui exaspère le personnel italien du procotole. Les Polonais, en général, sont peu attachés aux horaires fixes des repas. Ils ne se mettent à table que lorsque ce qu'ils avaient à faire est terminé. Le Saint-Père a, le plus souvent, invité à sa table les dernières personnalités qu'il a reçues, souvent des évêques des pays qu'il va bientôt visiter. Jean-Paul II, dans l'élaboration du menu confiée à sœur Germana, se montre très attentif à la nationalité de ses hôtes. S'il reçoit un Français, il s'assure qu'il y a un gâteau au dessert. Quand il a invité à déjeuner récemment le cardinal Poupard à son retour de Russie, il a veillé à ce qu'on lui prépare un entremets avec des fruits et de la crème, ses religieuses lui ayant affirmé que les Français raffolaient des entremets. Quand il y a des

Italiens, il exige qu'il y ait toujours des *paste*, de préférence des pâtes courtes pour ne pas s'en mettre partout — penne, macaronis et raviolis. Pour recevoir des Chinois il a demandé conseil au cardinal Deskur, qui est expert en gastronomie et passe pour avoir la meilleure table polonaise de Rome. Parmi ses convives, on compte souvent l'un des curés des paroisses romaines dont il va bénir les églises le dimanche. En vingt ans, Jean-Paul II s'est ainsi rendu dans deux cent quarante et un des trois cents lieux de culte que compte le grand Rome.

Le Saint-Père mange polonais, c'est-à-dire une nourriture plutôt riche, comme l'exige le climat froid de ce pays. Et cela bien qu'il vive depuis vingt-deux ans en Italie. Fidélité aux habitudes ! Le menu, toujours sous la houlette de sœur Germana, comporte pâtes, légumes à la vapeur, tourtes de légumes, viandes rôties, poissons, pirojki (petits pains fourrés de viande ou de chou), terrines de poisson en gelée le vendredi, salades de fruits, pâtisseries, dont les fameuses tartes polonaises feuilletées à la crème Kremowska, au fromage blanc, et de la crème « pochée », un genre de crème renversée (toujours polonaise). D'éminents convives italiens voyant le Saint-Père saupoudrer sa salade verte se demandaient entre eux si c'était bien du parmesan, ce qui leur paraissait original. En fait, c'était du raifort. Toujours comme au pays ! Les desserts sont souvent enrichis de friandises offertes par des pèlerins compatriotes. Les plats sont arrosés de vin blanc des vignes du Saint-Siège. Ces vins sont parfois pétillants et fermés par des bouchons hermétiques comme ceux des bouteilles de limonade. Le Saint-Père les boit coupés d'eau, de préférence de l'eau San Paolo, très plate et peu minéralisée. En été, il lui arrive de prendre de la bière, toujours très modérément. Dans sa jeunesse, Karol Wojtyla était inscrit dans un cercle anti-alcoolique. La plupart des produits frais, œufs, poulets, mozzarella arrivent chaque matin par camion réfrigéré de la ferme des villas pontificales de Castel Gandolfo, la résidence d'été des papes à vingt-six kilomètres de Rome. Lorsqu'il a reçu, le 15 juin 2000, deux cents pauvres ou clochards à l'occasion du jubilé dans l'atrium de la salle Nervi, le menu suivant leur a été servi : raviolis, rôti de veau, pommes sautées, fromage, macédoine de fruits, le tout arrosé de vin italien et, pour finir, une coupe de vin mousseux. Les étudiants du Séminaire de Rome ont assuré le service.

Détendu dès le premier plat après une matinée harassante, Jean-Paul II est un convive agréable. Il sait surtout faire parler ses commensaux. En s'attablant, il s'exclame : « Quelle langue parle-t-on aujourd'hui ? » Le Saint-Père mange peu et vite, ce qui lui permet de se consacrer à ses invités. Il a l'habitude de leur poser le premier des questions parfois assez subtiles, ce qui lui rend possible, ensuite, d'avaler quelques bouchées en écoutant leurs réponses. C'est un moment privilégié d'idées échangées et librement débattues.

Le repas terminé, le pape s'accorde une sieste d'une heure environ (prescrite par ses médecins) dans sa chambre, où il s'installe dans un des deux fauteuils de damas rouge à dossier dur. Un peu plus tard, il se lève, se couvre les épaules de sa vieille pèlerine noire du temps de son épiscopat en Pologne et s'achemine doucement vers la terrasse dominant Rome et la cour Saint-Damase (naguère aménagée par Paul VI) où il fait de petits pas en lisant son bréviaire. C'est son exercice physique quotidien le plus violent.

Vers 18 h 30, le souverain pontife, revenu dans le bureau de ses appartements privés, convoque ses collaborateurs directs, en quelque sorte son gouvernement, son Premier ministre, le cardinal Angelo Sodano, qu'il a fait revenir du Chili où il était nonce, monseigneur Leónardo Sandri, son secrétaire général qui porte le titre de « substitut », ainsi que son ministre des Affaires étrangères, monseigneur Jean-Louis Tauran, dont chacun au Vatican pense qu'il fera une grande carrière. Il est un des rares prélats français à être issu de l'Académie pontificale et de l'Université pontificale grégorienne. C'est également un fin connaisseur en vins de Bordeaux. Sont là aussi de façon informelle et sans hiérarchie établie les dévoués ecclésiastiques polonais qui assistent Jean-Paul II en permanence : monseigneur Stanislas Rylko, monseigneur Henryk Nowack et le père Stanislaw Szlowieniec.

Avant le dîner, Jean-Paul II, redescendant à l'étage officiel, reçoit souvent des délégations étrangères ou des groupes de pèlerins sélectionnés d'une trentaine de personnes au maximum. Beaucoup viennent des pays de l'Est. Ces dernières années, alors qu'il est de plus en plus fatigué, le pape ne consent à faire un effort que pour ceux-là qu'il porte plus particulièrement dans son cœur. Il ne leur fait cependant plus guère de ces discours chaleureux dont il était prodigue. Le cardinal secrétaire d'État lui-même en distribue le texte photocopié d'un air solennel.

Il est maintenant 20 heures. Le Saint-Père donne des signes manifestes de fatigue. Accompagné de monseigneur Dziwisz, qui tient sur un petit papier l'emploi du temps et les repères du souverain pontife, il remonte chez lui, dans ces appartements privés qu'il est, depuis Pie X, le septième pape à occuper. Ce dernier, qui les avait habités durant le conclave de 1903, avait préféré, après son élection, y rester plutôt que de s'installer à l'étage inférieur comme ses prédécesseurs.

Le pape va d'abord un bon moment dans sa chapelle pour se recueillir à genoux sur son prie-Dieu. Puis il revient dans son bureau pour jeter un coup d'œil aux gros titres du bulletin d'informations télévisées italiennes de la première chaîne d'État italienne TG I. Il regarde parfois des chaînes polonaises, TV Polonia et Polsat, qu'il peut capter par l'antenne satellite dissimulée dans un coin de l'Attico, une terrasse fleurie située au dernier étage (le pape y a fait installer un petit chemin de croix et va parfois y prier l'après-midi). Il est rare qu'il s'intéresse à un film. Toutefois, il a vu récemment : *La Porta del cielo*, un vieux film de Vittorio de Sica un film sur Fatima ; *La vie est belle*, de Roberto Benigni ; *Le Frère de notre Dieu*, du Polonais Krzystof Zanussi, et *Pan Tadeusz* d'Andrzej Wajda.

Le dîner, plus frugal que le déjeuner, se résume souvent à un bouillon chaud dégraissé, à des légumes et à des fruits, quelquefois des pirojki. La coutume, en Pologne, est de prendre, le soir, un repas léger, juste une collation, parfois froide. Le pape n'y admet plus d'invités. Seul y assiste monseigneur Dziwisz. Jean-Paul II parle à peine. « *Today*, dit-il, *I am a silent pope.* » C'est une des religieuses qui sert le dîner et non Angelo Gugel comme au déjeuner. Bien entendu, elle fait son service sans parler alors qu'Angelo ne se prive pas d'encourager les convives à se servir abondamment.

À 23 heures, le pape s'abîme encore une fois en prière, là où il se trouve, à genoux, dans son bureau ou dans sa chambre. Avant de s'endormir il lit dans son lit quelques pages d'un livre ou encore son bréviaire, un gros ouvrage relié qu'il retire d'un emboîtage de cuir clos par une fermeture Éclair. Quand la sœur qui veille dans la pièce à côté entend le zip qui indique que la bible a été remise dans son étui, elle sait que la journée du Saint-Père est terminée. À ce moment, la main fine et décharnée du Saint-Père presse l'interrupteur de métal doré sur sa table de nuit. Il s'endort en récitant son rosaire.

3

Jamais sans mes filles

Dans le courant de l'hiver, j'avais apporté au Saint-Père le numéro de *Paris Match* qui racontait son voyage de septembre 1996 en France. Il l'avait feuilleté avec attention.

« Je suis très ému, me dit-il, savez-vous qu'autrefois, sous le régime communiste, ce magazine qui parvenait en Pologne était pour nous l'image de la France et de la liberté ? »

Est-ce par reconnaissance que le Saint-Père ajouta alors en me prenant les mains : « Pourquoi n'amèneriez-vous pas vos filles au Vatican pour que je les bénisse ? » Remplie d'émotion, je le remerciai de cette faveur exceptionnelle.

Revenue à Paris, je me demandai si j'emmènerais mes deux filles en même temps ou l'une après l'autre (ce qui me donnerait deux occasions de voir le Saint-Père). Toutes les deux ensemble, cela m'inquiétait un peu. Au cours d'une récente réception à l'Hôtel de Ville où elles m'avaient accompagnée, elles avaient fait les diables en glissant façon patinoire olympique sur les marbres polis des salons du maire... Je décidai, pour une première présentation, de choisir Cosima, cinq ans. Je m'évitais de cette manière un stress inutile, car c'est entre sœurs que l'on s'entraîne à faire des bêtises. Et, après avoir discuté avec elle de la robe qu'elle porterait ce jour-là où, influencée par les films *Un Indien dans la ville* et *Pocahontas*, elle tenait absolument à aller au Vatican en petite Indienne, je réussis à la convaincre que, lorsqu'on avait le privilège d'être bénie en privé par le pape à Saint-Pierre, une robe de coton blanc était une solution raisonnable. L'idée de ce voyage la séduisit, même si elle ne comprenait pas exactement qui était le pape, en dépit de l'instruction religieuse qu'elle recevait à l'école. Elle voyait beaucoup de photos de lui à la maison, trouvait qu'il avait à la télévision un regard plus doux que les hommes politiques, mais elle saisissait mal pour quelle raison il s'habillait toujours de la même manière et pourquoi son imposante croix pectorale en or était infiniment plus grande que celle qu'elle avait reçue de son parrain lors de son baptême. Ce qui lui plaisait, surtout, c'était la perspective d'habiter quelques jours en Italie chez sa tante Sophie, de sauter l'école en milieu de semaine et d'aller voir un vieux monsieur qui ressemblait sans doute au grand-père qu'elle n'avait jamais connu. Et bien sûr de manger de grands plats de spaghettis sauce tomate comme ceux de *La Belle et le Clochard* de Walt Disney.

Nous voici donc dans l'avion pour Rome, un mardi matin. Même si elle ne perçoit guère la portée spirituelle de cette audience papale, Cosima est enchantée à l'idée de visiter ce Vatican qu'elle a vu photographié d'innombrables fois. Elle se sent fière à l'idée de pouvoir en parler au retour dans la cour de récréation à ses copines de classe, de leur décrire la basilique Saint-Pierre dont le père Tessier lui a raconté au petit catéchisme qu'elle fut construite pour honorer la mémoire de saint Pierre. « Tu es Pierre et sur cette pierre je bâtirai mon église. » Une formule qui frappe les enfants. Enfin, elle va voir pour de vrai, peut-être même toucher, cet homme en blanc à propos duquel, devant le petit écran, sa mère s'exclame : « Laissez-moi entendre ce qu'on dit sur lui. » Et il est si souvent filmé que cela entraîne chez nous de longues minutes de silence.

Je lui précise qu'elle devra l'appeler « Très Saint-Père ». Je le lui fais répéter. Je tente ensuite d'expliquer à Cosima, sans emprunter l'austère et hermétique vocabulaire « vaticaniste », ce qu'est l'audience générale du mercredi, à l'issue de laquelle nous serons reçues par le Saint-Père. Cette manifestation accessible à tous, qui commence à 10 ou 11 heures, selon le temps, les saisons et le nombre de personnes, a lieu soit place Saint-Pierre, soit dans la salle Nervi, soit dans la basilique. Si c'est sur la place Saint-Pierre, le pape, qui est arrivé dans son célèbre 4×4, s'installe face à la foule sur le parvis de la basilique dans un fauteuil à haut dossier. Les fidèles, au nombre de cinq mille ou six mille, doivent montrer à l'entrée de l'esplanade une invitation spéciale. Le pape s'adresse à eux en six langues au moins puis les bénit. Quand l'audience du mercredi a lieu dans la salle Nervi, il y a moins de monde : trois mille personnes environ. Là aussi les fidèles doivent être en possession de billets d'invitation. Pour les obtenir, il faut se présenter la veille à la porte de bronze du Vatican et demander à un garde suisse (en uniforme dessiné, dit-on, par Michel-Ange) où on les délivre, pour s'entendre répondre d'un solide accent suisse allemand : « Sur la droite par l'escalier de Pie IX qui conduit à la cour Saint-Damase. »

Arrivé aux deux tiers de son ascension, le pèlerin, déjà un peu perdu dans l'immensité des lieux, se trouve devant une imposante porte surmontée d'une tiare majestueuse d'où se détachent les mots *Prefettura della casa pontifici*. C'est là qu'il va retirer le billet dont il rêve depuis longtemps, presque étonné de la simplicité de la chose, petit papier précieux à ne surtout pas perdre (on ne lui en donnera pas un second), grâce auquel il pourra satisfaire le désir qui bien souvent a été le principal motif de sa venue à Rome : voir Jean-Paul II. S'il s'agit de jeunes époux, ils auront droit à un traitement de faveur. En plus des billets d'invitation, pour eux symboliquement de couleur blanche, un prélat leur remettra de la part du souverain pontife une médaille et un chapelet. La jeune épouse doit obligatoirement, lors de la manifestation, porter la robe blanche de son mariage. Ils se comptent par centaines de milliers ceux qui, ces dernières années surtout, ont recouru aux services de la *Prefettura* et ont pu ainsi être admis à ce show extraordinaire de l'audience du mercredi.

Les services de la *Prefettura*, lorsqu'ils sont contraints d'envoyer des billets d'invitation à des gens importants ou à des organisateurs de pèlerinages collectifs qui ne se sont pas déplacés eux-mêmes, sont souvent confrontés à d'inextricables problèmes dus à l'irrégularité de la poste italienne. Lorsque les bénéficiaires ne les ont pas reçus le mardi soir, d'élégants véhicules noirs de l'*autoparco vaticano* sont alors réquisitionnés pour déposer les sésames aux intéressés. Les personnalités importantes recevront un billet de premier rang, juste devant le pape. On en délivrait autrefois trois cents, pas plus d'une trentaine aujourd'hui, à quoi il faut ajouter ceux des malades et des mariés toujours placés d'office au premier rang. Ces gens de la *prima fila* sont sûrs d'être présentés au pape (par le préfet de la maison pontificale) dont ils pourront baiser l'anneau. Et surtout d'être immortalisés en plan serré comme s'ils étaient en tête à tête avec lui, grâce au photographe personnel de Jean-Paul II, qui leur déposera le soir même les mémorables clichés à l'hôtel. Ils auront juste à laisser dans une enveloppe préparée à cet effet une obole de trente francs. Une aubaine pour des personnalités dont les plus connues seront peut-être en noir et blanc dans *L'Osservatore Romano*, lesquelles tenteront ensuite de faire publier la photo dans les journaux de leurs pays avant de la poser négligemment sur leur bureau ou sur le piano.

La plupart des personnalités connaissant mal la très complexe organisation du Saint-Siège en la matière seront persuadées qu'elles ont été reçues en audience privée. En réalité, en dehors des personnages officiels religieux ou politiques au plus haut niveau, il est pratiquement impossible d'obtenir une audience vraiment privée bien que le Saint-Père reçoive quelque cinq cents personnes dans l'année. L'audience générale du mercredi avec baisemain pour la *prima fila* permet à Karol Wojtyla d'accueillir des gens souvent célèbres dans leur pays, mais qui n'ont pas, au regard du Saint-Père, une importance justifiant qu'elles défilent devant lui en audience réellement privée. Peu importe, d'ailleurs, puisque le relatif privilégié de la *prima fila*, qui peut aller de Brigitte Bardot à Jean-Claude Gaudin, souvent bercé d'illusions par son peu influent ambassadeur près le Saint-Siège, part tout heureux d'avoir assisté à un spectacle extraordinaire et s'imagine, en plus, avoir bénéficié d'une audience privée. Tout est question de nuances.

L'audience générale du mercredi est de toute façon une spectaculaire et chaleureuse mise en scène parfaitement rodée. Là, des milliers de personnes pas toujours catholiques se présentent chaque semaine. Troupes de théâtre engoncées dans leurs déguisements, généraux italiens en grand uniforme et décorations, élèves de l'Académie navale, troupes de cirques, membres de multiples associations... et bien sûr des centaines de prêtres, de religieuses, de missionnaires venus de pays lointains. Quand, au milieu de tonnerres d'ovations et d'applaudissements enthousiastes, de chants, de fanfares et orchestres, l'évêque de Rome avance lentement sur la place Saint-Pierre dans son lourd véhicule blanc parmi cette marée humaine, il est surprenant d'observer l'expression de bonheur qui illumine tous les visages.

J'ai vu des milliers d'yeux se voiler de larmes de joie en fixant cet homme qui porte le poids des ans, certes, mais surtout celui de l'Église catholique. Spectacle inoubliable aussi spontané qu'émouvant auquel la plupart ne participeront qu'une fois dans leur vie. Audience qui est historiquement présente dans toutes les mémoires depuis ce jour noir du 13 mai 1981 où Ali Agça a tiré sur le pape. Des images qui ont défilé d'innombrables fois sur les chaînes de télévision du monde entier.

Avant cette date, il était courant de voir le pape assis dans sa simple Jeep au milieu de la foule recueillie place Saint-Pierre. Les premiers temps, Karol Wojtyla se mêlait aux pèlerins en descendant de la voiture. Et, malgré les mines étonnées des membres un peu raides de la curie romaine, le Saint-Père, dans son élan, se laissait aller à signer des autographes. Jusqu'à ce qu'un jour il décide d'arrêter car il lui arrivait régulièrement de remonter vers 13 heures dans ses appartements avec des manches déchirées et les poignets couverts d'égratignures, presque en sang. Les religieuses, voiles au vent et au septième ciel, plus encore celles, très expansives, d'Afrique, d'Amérique du Sud et d'Asie, ne pouvaient plus se contrôler lorsqu'il s'approchait d'elles, et dans leur exaltation tentaient même de lui arracher des morceaux de ses vêtements comme les fans des Beatles dans les années 60... Certes, le pape, indulgent, comprenait bien la vibrante impulsion de ces femmes qui se jetaient à ses pieds et à qui il murmurait : « Relevez-vous ! Relevez-vous ! » Certes, elles portaient à la main gauche l'alliance de leur dévotion au Seigneur, qu'elles percevaient dans leur cœur comme un Époux divin, mais le Saint-Père ne pouvait affronter ces démonstrations semaine après semaine. Il l'annonça un jour ouvertement place Saint-Pierre devant les pèlerins ; il ne descendrait plus dans la foule.

Pour les papes précédents, très enfermés dans le Vatican, ces audiences générales du mercredi représentaient une occasion de rencontre régulière avec les gens, le seul face-à-face des souverains pontifes avec leurs ouailles. Les prédécesseurs de Jean-Paul II sortaient rarement de leur palais et ne voyageaient jamais. Le premier pape du siècle à franchir les frontières fut Paul VI, et il ne fit que neuf courts séjours symboliques à l'étranger !

Pourquoi ce choix du mercredi ? Afin que ceux dont le séjour est trop court et qui ne peuvent assister à la prière de l'Angélus du dimanche à midi puissent avoir une seconde chance de voir et d'entendre le pape. Ceux qui sont là les premiers jours de la semaine bénéficient de l'audience, et ceux qui viennent en week-end, de l'Angélus.

Chaque souverain pontife a marqué différemment ces moments de grâce et de ferveur chrétiennes. Le plus amusant mais aussi le plus difficile à suivre était le débonnaire Jean XXIII, qui improvisait une sorte de conversation-sermon avec les fidèles. Un dialogue parfois si alambiqué que ni les prélats, pourtant préparés à ce genre d'exercice, ni les pèlerins enthousiastes n'arrivaient à le suivre. Bruno Bartoloni, le grand vaticaniste, rédacteur à l'agence France-Presse, raconte qu'un jour, à l'audience, l'archevêque de Milan et futur pape Giovanni Battista Montini lança quelques mots respectueux en direction de Jean XXIII et que celui-ci répliqua de façon volubile et se mit à évoquer avec verve et poésie les crocodiles sur les rives du Gange. On sut par la suite que le pape, qui venait de fêter son anniversaire, avait peut-être bu un petit verre des vignes du Seigneur plus alcoolisé que le vin de messe ! « Nous autres journalistes, poursuit Bartoloni, étions tenus d'aller à l'audience générale et d'enregistrer les discours. Le directeur adjoint de *L'Osservatore Romano*, Cesidio Lolli, les réécoutait et les arrangeait à sa façon. Il déclarait ensuite, imperturbable : « Voici les paroles du Saint-Père que nous avons recueillies de sa bouche même... » Ce fut Paul VI qui, devant le succès grandissant de ce contact direct et physique avec la foule, fit construire, par le Milanais Nervi, l'un des trois architectes de l'Unesco à Paris, la salle qui porte maintenant son nom, sur l'ancien emplacement de Radio Vatican.

Lors de cette manifestation de plus en plus populaire, chaque pape avant Jean-Paul II a dû se plier à la pesante contrainte de la *sedia gestatoria*, chaise à porteurs de cérémonie en épais velours pourpre et bois doré fixée sur des brancards anciens, dont la dernière était frappée aux armes de Pie XII. Le chef suprême de l'Église catholique devait être juché sur ce trône mobile. Les brancards étaient tenus par de dignes fonctionnaires du Vatican et escortés par la garde noble. Il lui permettait d'être vu de loin mais lui donnait généralement mal au cœur car il oscillait comme un bateau par forte houle, les porteurs étant de tailles inégales. Hier comme aujourd'hui, les pèlerins voulaient voir le Saint-Père car sa souveraineté spirituelle sur l'Église est tout autant temporelle sur le Vatican. Et sa présence physique a quelque chose d'aussi symbolique que rassurant. Le timide Paul VI, qui avait le mal de mer dans la *sedia*, a essayé en vain de supprimer cet instrument comme il avait réussi à se défaire de sa tiare endiamantée, d'un poids considérable. Le fragile Jean-Paul Ier refusa de l'utiliser pour la cérémonie de son couronnement.

Jean-Paul II aurait dû se soumettre à la pesante et désuète mascarade de la *sedia*. Mais, avec son caractère obstiné que dénonce son menton volontaire, il s'y refusa d'emblée. Après avoir accepté quelque temps une sorte d'inélégante estrade mobile, Jean-Paul II, qui, sur cet engin à roulettes, ne se sentait pas libre de ses mouvements, décida aussi de l'éliminer. Ce furent la Jeep blanche et la *papamobile* qui la remplacèrent. Cosima n'a donc pas vu l'étrange *sedia gestatoria*.

Pendant de longues années, les audiences générales se déroulaient en deux temps. Une première partie était consacrée au contact avec la foule. Chacun savait que, pour être susceptible d'approcher et avoir une chance de toucher Jean-Paul II du temps où il était plus alerte, il fallait se mettre soit en marge des travées marquées par les barrières de fer de la place Saint-Pierre, soit en bordure du couloir central de la salle Nervi. Le pape se déplaçait en effet de gauche à droite et d'avant en arrière.

Les premiers temps, il prenait souvent des enfants dans ses bras, les faisait sauter en l'air puis les rattrapait sous le regard contrarié des responsables de la police et des gendarmes pontificaux qui mesuraient le risque que le pape courait à chaque instant en s'approchant ainsi de la foule. N'importe qui pouvait le blesser violemment, le poignarder, voire lui injecter un poison mortel avec une seringue. Mais il ne s'en souciait guère. Karol Wojtyla aimait ce bain de foule hebdomadaire, en communion avec les fidèles où, à l'applaudimètre, les Polonais l'emportaient toujours. Après avoir prié avec eux, il les saluait en italien, en anglais, en français, en allemand, en espagnol et en quelques autres langues slaves, parfois une bonne dizaine. Ces temps de confiance et de liberté sont révolus à la suite de la tentative d'attentat de 1981. Depuis lors, les heureux invités à cette kermesse papale sont minutieusement contrôlés par la police italienne qui prête son concours en les passant sous des détecteurs de métaux, afin de s'assurer qu'ils n'ont pas d'armes cachées avant de les placer systématiquement par section et ordre d'arrivée selon la lettre inscrite sur leur précieux sésame.

Dans la deuxième partie de l'audience, Jean-Paul II s'installe et lit son discours. Et il ne remonte pas l'allée centrale comme il le faisait avec allégresse au début de son pontificat. Quand l'audience du mercredi a lieu dans la salle Nervi, il gagne le podium par une entrée latérale pour rejoindre le fond de la salle d'où se détache un christ très stylisé en bronze qui semble surgir d'un buisson ardent. Cette œuvre avait été commandée par

Paul VI au sculpteur italien Pericle Farrini. Au centre, un fauteuil à haut dossier de bois doré un peu raide recouvert d'un épais velours crème qui n'a en rien l'aspect d'un trône. Le moment du sermon, auquel le pape attache beaucoup d'importance, est pour lui une épreuve physique. Pour monter les marches quand l'audience a lieu place Saint-Pierre, il doit déjà se faire aider. Il est surtout épuisé par l'audience en état car il supporte mal la chaleur étouffante de la capitale. Mais la vision de cette foule aussi colorée qu'enthousiaste lui redonne miraculeusement de la force, assez pour poursuivre en italien une catéchèse d'une grande rigueur, amorcée en 1978, qui lui permet au fil des semaines d'analyser les divers thèmes de la foi chrétienne, de l'actualité, ou de commenter ses voyages. L'essentiel de ces sermons est parfois traduit jusque dans seize langues différentes. Naguère, le pape descendait d'un pas décidé vers la *prima fila*. Aujourd'hui, ce sont les élus qui montent vers lui.

Pour Cosima, ce fut différent. Elle eut droit avec moi à une vraie audience privée après la cérémonie qui avait lieu ce jour-là salle Nervi. Donc, ce 26 juin 1996, monseigneur Stanislaw, brisant le protocole avec son habituel savoir-faire sous le regard réprobateur du sévère Monduzzi, préfet de la maison pontificale et organisateur autoritaire de toute la cérémonie, nous a-t-il très discrètement fait signe de sortir par une porte qui donnait sur un petit hall. Là, le Saint-Père nous attendait, les mains tendues. J'ai vu Cosima, qui commençait à trouver toutes ces cérémonies un peu longues, être comme tétanisée par le magnétisme de Jean-Paul II. Elle lui a soudain ouvert les bras avec une belle spontanéité, comme si c'était elle qui voulait l'accueillir. Plus que jamais ce jour-là j'ai compris l'influence magique que dégageait Jean-Paul II. Connaissant le caractère décidé de Cosima, je savais que c'était cette rassurante chaleur et cet inexplicable rayonnement qui lui avaient dicté ce geste inattendu. Encore plus émue parce qu'il s'agissait de ma fille, j'ai songé à la phrase de l'Évangile : « Laissez venir à moi les petits enfants. » J'ai été souvent touchée de voir avec quelle affection le Saint-Père accueillait ces créatures innocentes — comme un vrai grand-père. Je l'ai vu les faire sauter dans ses bras, les embrasser et même sortir son mouchoir pour essuyer le front d'un enfant qui transpirait.

Suite à une remarque de Cosima — à cet âge-là on voit tout —, une chose m'avait ce matin-là frappée, c'était la masse de cadeaux qu'on offrait également au Saint-Père après cette audience ; cadeaux recueillis avec solennité par sa suite : fleurs, livres, statues, portraits de lui, crèches, paquets de lettres de fidèles dont la plupart bien sûr confient au Saint-Père des bonheurs, des malheurs et des centaines de prières, et innombrables friandises qui étaient au fur et à mesure disposées sur de grandes tables latérales prévues à cet effet. La plupart de ces cadeaux seront immédiatement redistribués aux œuvres...

En général, le mardi, veille de l'audience générale, ni son secrétaire privé ni le cardinal secrétaire d'État ne prennent de rendez-vous officiel pour le Saint-Père.

C'est un jour de méditation afin qu'il puisse se concentrer et se plonger dans le thème du discours de l'audience du lendemain. Quelques esprits peu charitables au sein de la curie murmurent qu'il est fait par des tiers. Il semble en réalité que ces sermons soient rédigés par Karol Wojtyla en polonais et assouplis dans la traduction italienne. Le choix du sujet est austère et il le répète plusieurs semaines durant. Ce sont des « cours » d'une haute tenue intellectuelle, passant souvent au-dessus de la tête des fidèles, qui la plupart du temps ne prêtent attention à ce monologue que lorsqu'ils entendent prononcer le nom de leur groupe.

C'est l'aspect symbolique qui domine cette chaleureuse audience souvent en plein air. À la belle saison, qui, dans ce pays béni des dieux, dure de mai à octobre, le pape fait parfois, avec une évidente volupté et à faible vitesse, le tour de la place Saint-Pierre dans l'une de ses 4×4 immaculées, Fiat, Mercedes ou Toyota tout-terrain, sur laquelle est installé un genre de trône et à l'arrière deux chaises latérales, ou lorsqu'il fait vraiment trop chaud dans une papamobile à air conditionné. De toute façon, il est maintenant beaucoup mieux protégé que jadis. Ses gardes du corps l'entourent et scrutent la foule. À l'époque de l'attentat, les services de sécurité étaient nettement moins importants, et le premier geste des gardes suisses était de s'agenouiller respectueusement au passage de l'évêque de Rome au lieu de surveiller les fidèles. Le même phénomène se produisait avec les policiers italiens.

La police italienne a toujours la charge de surveiller

la place Saint-Pierre bien que celle-ci soit en zone extraterritoriale. En théorie, elle ne peut entrer dans la basilique. Mais elle est si attachée à la sécurité du vieux pape qu'elle continue sa surveillance attentive lorsque l'audience du mercredi a lieu dans le sanctuaire. Elle s'abstient cependant d'être présente lorsque Jean-Paul II reçoit en audience dans la salle Nervi car elle se trouve non pas à la limite mais réellement sur les terres du Saint-Siège.

De retour à Paris, Cosima a si longuement raconté à sa sœur sa matinée au Vatican qu'elle a donné envie à Marina de vivre la même expérience. Puisque Jean-Paul II l'avait invitée, nous sommes toutes les deux reparties pour Rome au mois de septembre. Il n'y avait pas eu cette fois de problème avec la tenue vestimentaire ; il était maintenant acquis qu'une petite robe blanche conviendrait. Marina, qui, à sept ans, avait retenu chaque détail de cette bénédiction, la suivit avec une grande attention. Ce qu'elle n'avait pas prévu en s'approchant du Saint-Père, c'est qu'avec ce mélange d'assurance et de simplicité qui lui est propre il lui demanderait en français en se penchant vers elle : « Parlez-vous aussi bien italien que votre mère ? » Et là, extrêmement émue qu'avant de la bénir il la questionnât avec tant de bienveillance, ma fille répondit sans se démonter mais avec tous les égards dus à son interlocuteur : « Oui, Très Saint-Pape, et je parle aussi anglais. » Jean-Paul II se mit à rire et monseigneur de Nicolò, le régent et maître de la cérémonie, fit un sourire d'approbation à Marina car il sentait que sa spontanéité ajoutait un moment de fraîcheur à cette manifestation religieuse où d'importants prélats se pressaient autour de Jean-Paul II.

J'éprouve tant de joie lorsque j'assiste à cette audience générale que je fais toujours en sorte, lorsque je me rends en Italie, d'être à Rome le mercredi. Je peux toujours y avoir ma place non loin du Saint-Père grâce à l'infaillible amitié et à la complicité de Marjorie Week, la responsable de la presse au sein du Conseil pontifical pour les communications sociales. Il y a quelques années, le patron de l'Associated Press pour l'Europe méridionale, Dennis Redmont, m'avait dit : « Tu sais, c'est le dernier show mondial, il ne faut surtout pas le rater lorsqu'on est à Rome. » Ce sera toujours vrai.

4

Jean-Paul II hors les murs

Heureusement que le Saint-Père n'a jamais su quelle ruse j'avais osé employer pour mieux connaître sa cabine spéciale au cours de son voyage à Cuba.

Le 21 janvier 1998, après treize heures de vol, l'avion du pape vient d'atterrir à La Havane. C'est la première fois que le souverain pontife se rend à Cuba. Il souhaite délivrer son message d'espérance et de paix à ce peuple durement éprouvé. Plus de trois mille journalistes sont venus. Tandis que lui et sa suite descendent vers le tarmac de l'aéroport José-Martí, profitant du moment où tout le monde s'est levé, je me suis cachée dans les toilettes à l'avant de l'Airbus 300 d'Alitalia. Une fois tous les passagers descendus, je vais enfin pouvoir aller dans la cabine papale à l'avant de l'appareil et noter tous les détails. Aucun journaliste n'y pénètre. Je veux aussi vérifier que l'infirmière-médecin de Jean-Paul II, sœur Tobiana, qui ne sort jamais du Vatican, est bien cette fois exceptionnellement à bord.

À Rome, on m'avait affirmé que la religieuse, pour

plus de discrétion, quitterait l'appareil après tous les autres passagers. Enfermée dans les toilettes, j'entrouvrais la porte de temps en temps pour suivre le départ des passagers. Je suis sortie quand l'avion a été vide et suis allée jusqu'à la cabine papale dont j'ai écarté le rideau. J'en notai rapidement l'aspect. Sœur Tobiana était bien là. Elle ne m'a pas vue car elle me tournait le dos. Je suis repartie vers la sortie de l'avion. Par le hublot, j'apercevais l'impressionnant dispositif policier et militaire déployé sur le tarmac pour accueillir le pape. Il y avait Fidel Castro et tous ses ministres, le corps diplomatique et des évêques. Inutile de me faire remarquer en sortant seule. Par ailleurs, je n'avais pas mes papiers car, quand on voyage avec le pape, sa suite vous les confisque jusqu'au retour.

Je réfléchis à la meilleure façon de m'esquiver de l'appareil pendant les hymnes nationaux et les discours de bienvenue qui n'en finissaient pas. Après avoir glané dans la cabine papale tout ce dont j'avais besoin pour pimenter mon prochain article (plus de trois mille journalistes étaient arrivés par leurs propres moyens pour suivre cet évènement sans précédent), il aurait été ennuyeux de distraire les quelques milliers de croyants venus à l'aéroport pour assister à la chaleureuse poignée de main historique entre Sa Sainteté et le leader Máximo et de déconcentrer mes confrères en me faisant vigoureusement empoigner par la police. Ce fut Sœur Tobiana qui me sauva sans le vouloir. Quand je la vis descendre l'escalier de l'avion, je décidai de me coller à elle en espérant qu'avec une robe noire à mi-mollets je passerais pour une religieuse aux yeux du service d'ordre. Sœur Tobiana ne me jeta même pas un regard. Elle ne parle jamais aux étrangers. Grâce à Dieu, l'un des responsables de l'aéroport venu la chercher à la descente de l'avion ne me posa aucune question et me laissa passer avec elle. On peut juger ma conduite indiscrète. Mais puisque le monde entier était le véritable diocèse de Karol Wojtyla et l'avion sa deuxième maison (comme il le dit lui-même), mon insatiable curiosité était largement justifiée. D'autant plus que le Saint-Père avait déjà passé quelque cinq cents jours en dehors du Vatican, c'est-à-dire l'équivalent d'un an et quatre mois.

C'est la première fois dans l'histoire qu'un pape parcourt un tel nombre de kilomètres, soit un million cent mille à ce jour. Vingt-neuf fois le tour de la Terre ou trois fois la distance de la Terre à la Lune. Quatre-vingt-douze voyages hors d'Italie et cent trente-sept à l'intérieur du pays. Les Italiens ont régulièrement reçu la visite de leur primat ; des montagnards perdus au sommet des glaciers des Alpes et des Apennins aux pêcheurs de l'Adriatique, chacun a vu le pape. Son plus long voyage, il l'a fait en 1986 en Asie et en Océanie quand il est allé du Bangladesh à la Nouvelle-Zélande, avec une halte aux Seychelles, et de l'Australie et Singapour aux îles Fidji. Un record de 48 974 kilomètres parcourus en treize jours, six heures et quinze minutes. Son plus bref séjour s'est déroulé en août 1982 à Saint-Marin, minuscule État catholique à peine plus grand que le Vatican (soixante kilomètres carrés), enclavé en

Italie près de Rimini. Le Saint-Père n'y a passé que trois cents minutes, rentrant le soir même à Rome. Au cours de ses quatre-vingt-douze voyages internationaux depuis 1978, Jean-Paul II a visité cent vingt-trois pays sur les cent quatre-vingt-onze que compte la planète. Il s'est rendu quarante-huit fois en Europe (dans trente-deux pays), onze fois en Amérique centrale et aux Antilles (dans seize pays), dix fois dans les trois pays d'Amérique du Nord dont sept fois aux États-Unis (le pays le plus visité avec sa Pologne natale et devant la France, six fois), huit fois en Amérique latine dans dix pays, huit fois en Asie dans onze pays, quatre fois en Australie et en Océanie dans six pays et quinze fois en Afrique dans quarante-trois pays. Il a prononcé plus de deux mille discours au cours de ces périples à l'étranger. Son record a été établi à l'automne 1979, lors de son troisième voyage entre l'Irlande et les États-Unis, avec soixante-seize discours. Un bilan qui donnerait le vertige au plus intrépide globe-trotter. Il a rencontré la presque totalité du petit milliard de catholiques sur Terre, de Malte au Brésil, du Mexique (son premier voyage) aux Philippines, du Nicaragua à la Nouvelle-Guinée. Il a aussi visité des nations majoritairement musulmanes comme la Turquie, protestantes comme les États scandinaves ou hindouistes telle l'Inde. Derniers défis, Karol Wojtyla espère bien pouvoir célébrer un jour la messe dans le pays le plus peuplé du monde, la Chine, et s'arrêter en Russie pour se rapprocher du patriarche de Moscou.

Pourquoi, après avoir sillonné le monde, continue-t-il

de voyager malgré les difficultés de l'âge ? Qu'est-ce qui fait encore courir cet homme souffrant de quatre-vingts ans ? La douleur est inscrite sur son visage, sa silhouette est courbée, il marche péniblement et a besoin de s'appuyer sur sa crosse pastorale. Pourquoi celui que certains qualifient parfois de « vieux prophète fatigué » continue-t-il d'interpréter à la lettre le commandement du Christ : « Allez et enseignez toutes les nations » ? Après deux décennies éblouissantes où la presse américaine l'a qualifié de *Pope Star*, Jean-Paul II peut-il apporter quelque chose de nouveau ? Le miracle de sa présence continuera-t-il de méduser les foules ? Là est sans doute la justification de ces voyages de plus en plus fatigants qu'il continue de s'imposer. Ce pape nous réserve toujours des émotions puissantes, comme récemment en Israël.

« Si, à l'exemple de saint Paul, on retrouve toujours Jean-Paul II infatigable jusqu'aux extrémités de la Terre et s'il veut ne perdre aucune occasion d'annoncer la bonne parole, ce n'est ni dans un but publicitaire, ni par soif de popularité, c'est simplement comme disciple direct du Christ », explique le théologien allemand Joseph Ratzinger, préfet de la Congrégation pour la doctrine de la foi et l'un des cardinaux les plus proches du souverain pontife.

Ses voyages sont loin d'être des parties de plaisir pour lui ou pour ceux qui l'accompagnent. Tout a été préparé pour toucher le maximum de gens et de lieux dans le minimum de temps. Pendant un simple voyage de deux jours en Allemagne où je l'avais accompagné en juin 1996, treize manifestations différentes avaient été prévues, allant des services religieux aux rencontres avec des fidèles et aux réceptions politiques ou œcuméniques. Des périples au forcing. Karol Wojtyla, ce pape passionné de théâtre dans sa jeunesse, connaît l'importance du geste. Parler du pardon, c'est abstrait. Se faire filmer dans la prison en tête à tête avec Ali Agça qui faillit le tuer crée un événement frappant l'imaginaire des fidèles. Lorsqu'il se fait photographier avec, dans les bras, un koala, symbole de l'Australie, comme en novembre 1986 à Brisbane, cela le rend populaire auprès des enfants. Évoquer l'œcuménisme n'est guère exaltant. Voir, en revanche, Jean-Paul II à Assise, en 1986, sur la tribune aux côtés de religieux orthodoxes, protestants, juifs, bouddhistes et d'un chef indien couronné de plumes surprend et fait réfléchir. Au cours de ses voyages, il galvanise les catholiques et les encourage à se battre sous la bannière de la foi. Il s'adresse aux peuples, aux gouvernants, et la morale fait irruption dans le débat politique et diplomatique. Chacun de ses discours est amplifié et répercuté par les médias aux quatre coins de l'univers. À Cuba, par exemple, des millions de téléspectateurs ont pu voir apparaître sur leurs écrans cette image à peine croyable de Fidel Castro, un grand prêtre des messes marxistes, perdu dans une foule en prière.

Ce jour de janvier 1998, il y avait, dans l'avion qui emmenait le Saint-Père à Cuba, sa suite habituelle, le *seguito*, que je commençais à bien connaître à force d'accompagner le Saint-Père dans ses déplacements.

Elle se compose du cardinal secrétaire d'État Angelo Sodano, d'une poignée d'autres cardinaux (variant selon les voyages), d'évêques et autres *monsignori*, du président de Radio Vatican et responsable des voyages, le père Roberto Tucci, du directeur de Radio Vatican, le père Borgemeo, et de celui de *L'Osservatore Romano* — qu'au Vatican on appelle l'or —, le professeur Mario Agnes, de quelques autres laïcs, dont son photographe personnel, Arturo Mari, et de sept gardes suisses et gendarmes du Vatican. Les membres de sa protection rapprochée sont devenus plus nombreux depuis l'attentat du 13 mai 1981. Personne ne peut monter aux escales. Les gendarmes se relaient à bord pendant leur durée. Deux gardes suisses sont en faction chaque nuit devant la chambre du Saint-Père pendant ses séjours à l'étranger.

En marge de cette suite officielle, Jean-Paul II tient à avoir près de lui en voyage ceux qu'il appelle en privé sa « famille ». Bien sûr, monseigneur Dziwisz et monseigneur Marini, le maître des cérémonies liturgiques, chaleureux Vénitien aussi efficace que sympathique. Discrètement omniprésent, c'est lui qui orchestre avec panache le déroulement de toutes les messes et manifestations religieuses. C'est également lui qui s'assure que les hosties géantes de la taille d'une pizza napolitaine, spécialement confectionnées dans ce format par des religieuses du sud de l'Italie pour être vues pendant les grands-messes par le plus éloigné des pèlerins, soient bien embarquées. Non loin du Saint-Père se tient dans l'avion son fidèle camérier Angelo Gugel. Il ne le quitte pas des yeux et veille à tous les détails pratiques (c'est lui qui a la canne du Saint-Père, sa pèlerine et sa provision de chapelets qui seront distribués à l'équipage et aux hôtesses : ils les recevront à genoux pour la plupart). Ce grand homme maigre qui marche comme un félin et qui pourtant s'efforce d'être effacé était déjà au service de Jean-Paul Ier. Il a poussé l'affection pour Jean-Paul II jusqu'à apprendre un peu de polonais afin de le comprendre quand il s'exprime dans cette langue. Il est devenu très calé en informatique et c'est lui qui tient l'ordinateur personnel du Saint-Père où s'inscrit son emploi du temps.

Tout ce petit monde, qui a des fonctions très précises, se sent la mission primordiale de protéger le pape en tout lieu et en toute circonstance. Un jour, à ma grande surprise, j'ai vu l'un d'entre eux bondir vers l'hôtesse dans l'avion alors que cette dernière proposait du Coca-Cola au souverain pontife. Plongé dans son bréviaire, celui-ci s'apprêtait distraitement à avaler cette boisson gazeuse qui lui est interdite en raison de la fragilité de ses intestins depuis l'attentat. Le reste de la suite du pape est en classe affaires.

Dans ce voyage transatlantique vers Cuba, il y avait aussi la troupe habituelle des journalistes « vaticanistes », tous installés en classe touriste, rédacteurs internationaux des journaux, des radios ou des télévisions, mais aussi preneurs de son, photographes, cameramen, et les correspondants prêtres des organes du Vatican. Ils sont le résultat d'une sélection aussi impitoyable que mystérieuse car il y a de très nombreuses demandes émanant des médias de toute la planète. Délicate attention : les appuie-tête sont ornés des armes du Vatican. Le pape est toujours installé dans la cabine avant de première classe. Derrière lui s'assoient son secrétaire particulier, monseigneur Dziwisz, et son Premier ministre, le cardinal Sodano. Nous sommes en théorie séparés de lui et de sa suite par le traditionnel rideau (mais il reste la plupart du temps ouvert durant les vols courts, comme le souhaite le Saint-Père). Le bataillon de stewards et d'hôtesses est visiblement impressionné d'avoir à son bord le deux cent soixante-quatrième successeur de saint Pierre. Comme au moment du décollage une hôtesse reste assise face aux passagers de première classe, la compagnie veille à ce qu'elle soit charmante. Dans l'avion pour Cuba, j'aperçois une hôtesse qui apporte au Saint-Père un repas raffiné comme toujours sur Alitalia : jambon de Parme et melon, filet de bœuf accompagné de brocolis, fromages variés (souvent aux noms de saints, comme le saint-nectaire ; sur Air France, il y a même du Caprice des Dieux !), gâteaux (jamais de religieuses, m'a-t-on dit à Air France... mais plaisantaient-ils ?), pommes et poires au four, salade de fruits et petits pains à l'huile (genre fougasse). À sa demande, nous aurons le même menu. Alitalia n'a pas hésité à servir du châteauneuf-du-pape que le Saint-Père, comme à son habitude, a coupé d'eau avant de prendre une grande tasse d'infusion à l'écorce de citron, le *canarino*, le thé des paysans napolitains. De quoi donner à Jean-Paul II assez d'énergie pour tenir une conférence de presse à dix mille mètres d'altitude au-dessus de l'Atlantique. Le Saint-Père a traversé l'avion à petits pas, s'est adossé aux galleys qui séparent la classe touriste de la classe affaires et nous a bénis. Une vive euphorie règne car, exceptionnellement, le pointilleux porte-parole du Vatican, Joaquin Navarro-Valls (qui nous a précédés à La Havane pour tenter de convaincre les patrons de la télévision d'État de retransmettre en direct la descente d'avion et la grand-messe du souverain pontife) ne nous surveille plus. Nous est aussi épargnée la présence de son très sévère collaborateur, le Flamand Vic, qui s'est cassé le pied. Nous sommes très touchés que le pape se soit rapproché de nous. Là, pour une fois, il ne peut pas nous échapper. Le patriarche de l'Occident est à moins de deux mètres de nous. Il tremble du bras gauche, son syndrome de Parkinson embarrasse chacun de ses mouvements mais son visage est rayonnant. Les vieux Rouletabille du métier, dont certains montent pour la première fois à bord de son avion, sont bouleversés par l'aura extraordinaire qu'il dégage. Personne ne songe à lui poser les questions complexes qu'on adresserait à un haut responsable politique. Même pas les Américains, si habitués à être directs et parfois dépourvus de courtoisie vis-à-vis des personnalités. À nos propos respectueux, le pape répond avec précision et humour au détour d'une phrase. Il s'exprime successivement en espagnol, en anglais, en italien. Pendant cette conférence de presse chaleureuse et improvisée, le Saint-Père est passé avec une aisance déconcertante d'une langue à l'autre. Cette agilité linguistique, qui n'est pas le fait de beaucoup de chefs d'État, en a bluffé plus d'un en vingt-deux ans. Comme personne ne lui a encore posé de questions en français, je me lance. Étant l'une des trois journalistes femmes dans l'avion avec la correspondante d'une télévision d'Amérique latine et celle du *New York Times*, les confrères, galants, m'avaient laissée au premier rang. J'ose lui demander, un peu intimidée et en me levant de mon fauteuil : « Comment vous portez-vous, Très Saint-Père ?

— C'est dans les journaux que je prends de mes nouvelles », me répond-il en plissant les yeux mi-plaisantant, mi-sérieux, avec un sourire.

Après avoir passé une bonne demi-heure avec nous, Jean-Paul II nous a bénis à nouveau et a regagné l'avant de l'Airbus. Il était resté si longtemps en notre compagnie que de temps à autre l'un ou l'autre cardinal en calotte rouge passait la tête, l'air désabusé, soupirant avec désolation, parfaitement conscient que plus nous en dirions sur le pape, moins nous en écririons à leur sujet dans nos articles, eux qui, avec des mines confites, ne nous lâchent que parcimonieusement quelques bribes d'informations. Toujours de sa démarche lente, le Saint-Père s'est ensuite rendu dans la cabine de pilotage, a béni l'équipage puis, posant ses longues mains sur les épaules du chef commandant de bord du vol AZ 4668 (c'est toujours le chef de tous les commandants de bord d'Alitalia qui a l'honneur de piloter l'avion du Saint-Père), il lui a demandé : « Quel temps fait-il à Cuba ? » Le pilote racontera plus tard qu'il a eu l'impression de voir apparaître un ange quand la silhouette blanche du pape s'est soudain reflétée dans les vitres du cockpit.

Contrairement à ce que l'on pourrait croire, le Saint-Siège n'a pas de flotte aérienne alors que le moindre président du plus petit État a généralement au minimum un jet transatlantique et vient en délégation faire son marché aux salons du Bourget ou de Farnborough. Le Saint-Siège affrète un appareil de la compagnie nationale italienne Alitalia à chaque voyage. L'avion est aménagé en fonction des besoins de l'illustre voyageur. Alitalia met à sa disposition, selon la durée du vol, soit un Airbus 300, soit un McDonnell Douglas 80 (la société a été rachetée par Boeing il y a trois ans), pour les vols courts. Le prix de location est en réalité assez symbolique. Alitalia facture normalement chaque location au Saint-Siège, mais, en fin d'année, la généreuse compagnie fait un don correspondant au montant du chèque que le Vatican lui a remis. En vérité, c'est une sorte de remerciement pour l'incroyable publicité que lui font les voyages du Saint-Père. Des millions de téléspectateurs voient l'homme en blanc descendre de la passerelle d'un appareil d'Alitalia (avec les fanions jaune et blanc du Vatican sur l'épais pare-brise à l'avant de la cabine) — une publicité enviable à l'heure de l'éclatement des monopoles en Europe.

Rien de commun, donc, dans les appareils mis à la disposition du Saint-Père avec Air Force One, l'impressionnant Boeing 747 du président des États-Unis qui est une vraie Maison-Blanche volante : chambre à coucher, dressing-room, salle de conférences, salle de bains, deux cuisines, deux bureaux, coin hôpital, bureau des secrétaires, six toilettes et quatre-vingt-quatre téléphones ! Les conditions dans lesquelles voyage Jean-Paul II sont beaucoup plus simples, et, comme le dit le père Tucci, digne et habile organisateur des périples : « S'il ne tenait qu'à Jean-Paul II, il voyagerait de manière encore plus modeste. »

La cabine du pape est installée par des employés sélectionnés d'Alitalia (toujours les mêmes). Ils démontent complètement l'espace de première classe pour y placer le petit bureau et la couchette du Saint-Père.

Les couvertures, dessus-de-lit et draps blancs tissés dans des laines et des cotons de la meilleure qualité et très peu froissables ont une taille standard mais ont été confectionnés spécialement pour le pape. On a brodé dessus avec des fils très serrés surpiqués d'or les armoiries de Jean-Paul II. Le lit à dossier de cuir crème est installé près des hublots. Sur la droite du lit est accroché à une tenture bleu nuit un grand crucifix de bois et bronze. Cette tenture cache la cloison de séparation avec l'équipage. Dans une deuxième partie est installé le salon-bureau, tendu de tissu pourpre, où a été placé un fauteuil étroit et un peu dur tapissé d'un tissu à chevrons beige clair et azur. À gauche, une vaste table recouverte d'une nappe blanche où sont disposés quelques quotidiens et magazines internationaux dont, bien sûr, la presse polonaise. Ce jour-là, l'entourage n'a pas craint d'y laisser *L'Express*, qui portait en couverture la photo du pape avec le titre « Jean-Paul II doit-il partir ? ». Face à la table-bureau, une simple banquette à petit dossier permet d'accueillir quatre personnes. À l'extérieur de l'avion, sur la carlingue, bien visibles, à proximité de la passerelle, sont apposés côte à côte les armoiries du pape et le drapeau du pays que le Saint-Père va visiter.

Le Saint-Siège possédera-t-il un jour son propre avion ? C'est un problème qui, jusqu'à l'élection de Karol Wojtyla, ne s'était jamais posé tant les déplacements des souverains pontifes étaient rares. Ils ne voyageaient guère pour prêcher la bonne parole à travers le monde et le premier à prendre l'avion de toute l'histoire de la papauté a été Paul VI, en janvier 1964.

Pour la première fois dans l'histoire contemporaine, fait inédit, l'évêque de Rome, dont le pontificat a duré quinze ans, ne s'est, en effet, pas contenté de parler, d'écrire, de conseiller du fond de sa retraite. À soixante-sept ans, gommant l'image rituelle d'un pape de marbre, il a pris son bâton de pèlerin et est sorti des quarante-quatre hectares du Vatican pour faire directement connaissance avec ses brebis. Certes, les neuf grands déplacements de Paul VI sur les cinq continents furent moins des voyages pastoraux que des visites protocolaires officielles. Toutefois, ces prises de contact, même avec un pesant cérémonial, ont ouvert la voie et inauguré une ère nouvelle de la papauté. Une étape était franchie. En outre, en choisissant symboliquement Jérusalem comme but de son premier voyage en janvier 1964, Paul VI a posé un acte prophétique. L'événement, à l'époque, fut jugé d'une telle ampleur que les journaux titrèrent : « Sous Paul VI s'est écrit le cinquième

Évangile », et *Paris Match*, qui consacra deux numéros spéciaux à l'événement, alla même jusqu'à envoyer sur place soixante journalistes dont vingt-cinq photographes qui ont fait Paris-Jérusalem-Paris à bord d'une Caravelle transformée en salle de rédaction et reliée par radio à la direction du journal installée à Orly.

Ce retour en Terre sainte du successeur de Pierre fut la graine qui devait germer trente-six années plus tard avec Jean-Paul II. Paul VI s'est rendu aussi à Bombay, à New York aux Nations unies (en 1965), à Fatima (en 1967), à Istanbul (en 1967), à Bogota (en 1968), à Genève (en 1969), à Kampala (en Ouganda, en 1969) et, en novembre et décembre 1970, en Asie pour un épuisant périple de dix jours à Téhéran, Dacca, Manille, Samoa, Sydney, Djakarta, Hongkong, Ceylan. Une aventure courageuse pour ce pape réformateur qui faillit se terminer avant même d'avoir commencé. À l'atterrissage à Manille, un individu déguisé en prêtre se jeta sur lui et le frappa d'un coup de poignard en direction du cœur. Il s'en tira miraculeusement avec quelques blessures à la main gauche. Le public ne s'en aperçut pas car il portait un gilet de flanelle. Le sang fut absorbé par l'épais tissu et ne fit pas de taches sur la soutane blanche.

Les dix jours de ce voyage de cinquante mille kilomètres si mal commencé furent une tournée triomphale. À l'enthousiasme témoigné à Paul VI se joignait parfois une discrète contestation contre l'Église catholique locale ou contre l'œcuménisme. Il faut avouer que de voir un pape non pas sorti de la naphtaline mais bien en chair et en os ailleurs que sur sa *sedia gestatoria* était une profonde révolution ! Ces immenses auditoires (un million de personnes au Rizal Park de Manille) seront les derniers grands souvenirs de Paul VI. Ce fut son ultime voyage hors d'Italie. On le critiqua comme l'est parfois Jean-Paul II, dont les grands shows font grincer les dents des catholiques traditionnalistes.

On comparait sans complaisance Paul VI à un « orage d'été moins fécond que la lente pluie d'automne qui, elle, pénètre le terrain en profondeur ». On critiquait ses discours de voyage. On leur reprochait d'être répétitifs. On prétendait même que, où qu'il aille, le pape parlait mais n'écoutait pas. Pendant les huit ans qui restèrent à vivre à Paul VI, l'arthrose lui rendant la marche de plus en plus difficile, ce fut uniquement au Vatican qu'il rencontra les personnages de haut rang.

Avant Paul VI, Jean XXIII avait inauguré aussi un précédent historique. Le 4 octobre 1962, il est sorti du Vatican et a pris le train pour Notre-Dame-de-Lorette, la patronne des aviateurs, sanctuaire situé près d'Ancône. Lorette est le plus célèbre des lieux de pèlerinage italiens depuis sept cents ans. La Santa Casa et son portrait de la Vierge sont le but de nombreux pèlerins. La maison de la Vierge à Nazareth fut transportée par les croisés sur la *colli del Lauri* et recouverte par une basilique au XVe siècle, qui la protège comme une forteresse. Une première dans l'histoire. Un pape de quatre-vingt-un ans passés osait monter dans un train pour parcourir six cent cinquante kilomètres hors les murs. Tout au long du parcours, une foule extrêmement nombreuse pour l'époque attendait parfois depuis l'aube car elle voulait voir enfin un pape en dehors de son royaume. Les fidèles brandissaient des banderoles sur lesquelles on pouvait lire : « Vive le Pape ! Vive la paix ! Vive le pape du concile ! » À Lorette, plusieurs milliers de personnes avaient accueilli le bon pape Roncalli. Autant s'étaient massées à la gare pour le voir descendre du train pontifical, une curiosité, avec ses neuf wagons transformés en salons, bureau, salle à manger et chambres à coucher. Un train prêté par le président de la République italienne. Car les autorités du Saint-Siège n'avaient évidemment pas imaginé qu'un pape puisse sortir du Vatican et traverser le pays. À son arrivée, Jean XXIII fut salué avec solennité par le chef de l'État, Antonio Segni, qui s'était rendu sur les lieux par avion. Comment aurait-il pu faire autrement, puisqu'il avait prêté son train ? Après une allocution, le pape plaça sur la tête de la Vierge noire de Lorette une couronne d'or (qui avait été prise en 1797 par Bonaparte et restituée en 1801). Jean XXIII déjeuna ensuite seul d'un repas très simple préparé par les religieuses d'un couvent voisin. Dans une salle à manger attenante, le président du Conseil italien, Amintore Fanfani, était l'hôte d'honneur de plusieurs cardinaux et hauts dignitaires de l'Église. Leur menu à eux était copieux ! Après le repas, le souverain pontife, qui avait quitté le Vatican douze heures auparavant, se rendit à Assise. Là, il fit quelques pas à pied dans les rues étroites pour rejoindre la basilique avant de se recueillir devant le tombeau de saint François. La nuit était tombée et des milliers de lampes à huile s'étaient allumées pour voir le saint homme fatigué rejoindre le train qui devait le ramener au Vatican après cette journée mémorable. À la gare romaine de Trastevere, Jean XXIII fut à nouveau solennellement salué par le président du Conseil et regagna enfin ses appartements pontificaux.

Le souverain pontife avait, à deux reprises déjà, quitté son palais pontifical. Une fois en Mercedes 300 noire (avec sur les deux portières latérales ses armoiries de bronze, deux fleurs de lys qu'entourent une tour d'argent et un lion de saint Marc) pour visiter un couvent et un orphelinat à San Vito Romano, petit village des monts Albains à trente kilomètres de Castel Gandolfo, puis pour prier dans le sanctuaire marial de Genazzano. Une autre fois, il s'est rendu à la maison d'été du Séminaire romain de Roccantica dans les montagnes à soixante-dix kilomètres de Rome. Ces modestes déplacements paraissaient révolutionnaires à l'époque. En vertu des accords de 1929 avec le gouvernement italien, Pie XI et Pie XII partaient parfois du Vatican mais uniquement pour se rendre dans Rome ou rejoindre Castel Gandolfo, leur résidence d'été. On a du mal de nos jours à imaginer que cela se passait il y a moins d'un demi-siècle.

Mais qui finance les voyages d'aujourd'hui, qui sont évidemment très coûteux ? Au Vatican, il est mal vu d'aborder les questions d'argent et il est difficile de savoir comment sont ventilées ces dépenses. Il semble que les voyages de Jean-Paul II, s'ils font l'objet d'un cérémonial protocolaire sans faille, sont organisés de façon plus simple que ceux de notre précédent président de la République et de ses ministres qui emmenaient une véritable cour à chacun de leurs déplacements. Un jour du printemps 1989, Jean-Paul II se trouvait à Saint-Denis de la Réunion, où il était venu célébrer la béatification du frère Scubilion, un missionnaire originaire du Morvan, en même temps que le Premier ministre, venu en Concorde pour l'accueillir, accompagné d'un cortège impressionnant de ministres et de collaborateurs variés (après en avoir profité pour faire un rapide et discret safari au Kenya), ce qui faisait paraître bien modestes le pape et son escorte, auquel il prêta charitablement son Concorde pour qu'il rejoigne la Zambie, à trois mille kilomètres de là (c'était l'appareil même qui s'est écrasé à Roissy onze ans plus tard, le 25 juillet dernier).

Le voyage du Saint-Père aux États-Unis, en 1987, qui a coûté 20 millions de dollars, fut couvert par les diocèses et par des industriels, dont une firme d'ordinateurs de la Silicon Valley.

Après un autre déplacement à New York, en octobre 1979, qui, d'après les médias, était revenu à 3 millions de dollars au gouvernement et à la riche Église locale, un journaliste fit allusion devant le pape aux dépenses qu'occasionnaient ces voyages. C'est une des seules fois où Jean-Paul II a perdu son calme. « J'estime, rétorqua-t-il, qu'il ne faudrait pas faire de comptes si l'on pense que nous, les hommes, nous avons été rachetés à un prix inestimable. Il n'y a pas de dépenses à calculer pour cela. C'est stupide. On fait allusion aux dépenses pour essayer d'arrêter le pape. On dit qu'il coûte plus cher que la reine d'Angleterre. Heureusement, parce que le message qu'il porte a une valeur transcendantale. »

Le souverain pontife proclamait donc que ses déplacements n'avaient à faire les frais d'aucune polémique. L'ambassadeur de Dieu est d'ailleurs loin des problèmes financiers, matériels et pratiques qui agitent sa suite. Il a tout à fait la même philosophie que de Gaulle, qui disait sur un ton distant : « L'intendance suivra. »

Quant à la *papamobile*, m'expliqua le père Tucci au retour de Cuba où il m'avait invitée un moment en classe affaires, « il ne s'agit certes pas d'un besoin supplémentaire de bains de foule comme certains l'estiment, mais de répondre au désir populaire d'un contact presque physique avec le souverain pontife. Et la *papamobile*, sorte de version moderne de la *sedia gestatoria*, n'est pas une invention vaticane mais une voiture blindée réclamée par les autorités locales ». D'ailleurs, en dehors de son aspect d'engin futuriste, ce 4×4 sur lequel on place une cage de verre à l'épreuve des balles n'a rien de luxueux ni de triomphal. Sa protection n'est pas absolue puisque, quand il dit ses grands-messes en plein air, le pape est bien obligé de s'extraire de cet engin qui ressemble plus à une voiture de pompiers peinte en blanc qu'à la poétique charrette fleurie traînée par des mules candides au temps des papes en Avignon. Et est-il extraordinaire que l'homme le plus célèbre et le plus photographié de la planète depuis vingt-deux ans, qui réussit à réunir en janvier 1995, aux Philippines, quatre millions de personnes pour une seule messe au Rizal Park de Manille, circule dans une voiture blindée ? C'est le lot de tout homme d'État. Et quelle image misérable donnerait le pape à l'heure de la mondialisation si, comme Paul VI aux îles Samoa, un archipel perdu du Pacifique, il circulait dans une antique camionnette hâtivement repeinte et enrubannée. De toute manière, lors des déplacements du Saint-Père, aucun chef d'État invité à ses côtés n'hésite à monter dans la *papamobile*, trop content de profiter, au passage, de la popularité du souverain pontife. Mauvais calcul, d'ailleurs, car, aussi célèbre fût-il, il sera éclipsé par le Saint-Père.

Deux chauffeurs du pays viennent à Rome avant chaque voyage s'exercer à piloter le véhicule très lourd et peu maniable. On a même fait à l'Élysée, lorsque la *papamobile* est venue de Rome par Transall (un cadeau du président Chirac), plusieurs essais de nuit pour voir si on pouvait la manœuvrer dans la cour.

Les Polonais auraient pu faire une belle économie en évitant d'envoyer à la casse la *papamobile* qu'ils lui avaient offerte lors de sa première visite en 1979. N'ayant évidemment pas pensé qu'il retournerait six fois sur sa terre natale, ils ont dû en faire fabriquer une autre ; ce qui leur a coûté quatre-vingt mille dollars.

En définitive, les voyages de Jean-Paul II ne coûtent pas grand-chose au Saint-Siège, assure-t-on dans son entourage. Pas plus qu'Alitalia, aucune compagnie aérienne n'a jamais osé lui demander le montant de son billet. Il est pourtant toujours émis à son nom. Souvent, ses collaborateurs immédiats bénéficient de la générosité des compagnies, sensibles au prestige que leur apportent les voyages pontificaux. La règle veut que le souverain pontife parte toujours avec un avion d'Alitalia et qu'il soit reconduit à Rome par la compagnie du dernier pays visité. Le chef de l'Église et sa suite habitent au siège de la nonciature, dans les archevêchés, dans des résidences appartenant à l'Église locale ou chez des religieuses. Lorsqu'il est venu en septembre 1996 à Tours, il fut logé dans le couvent des Dominicaines de la Charité. Elles en furent très fières.

Les déplacements des gardes du corps, des collaborateurs ecclésiastiques et laïcs du chef de l'Église comme ceux des représentants de Radio Vatican et de *L'Osservatore Romano* ne sont pas ruineux car ils dépassent rarement la trentaine de personnes. En revanche, les journalistes sont invités à payer les voyages dont le prix équivaut généralement à un billet en classe affaires. C'est peu de chose à côté des 12 000 dollars, en moyenne, qui sont réclamés par la Maison-Blanche pour les journalistes qui accompagnent Clinton dans ses voyages à l'étranger.

Les dépenses lourdes sont à la charge des pays visités, le pape étant un hôte officiel. Comme prince des Apôtres et comme chef d'État (il a les deux titres), il est l'invité des autorités des nations qu'il visite, religieuses ou laïques qui, dans certains pays très catholiques comme le Brésil, dont un sondage récent vient d'indiquer que les plus grands moments de bonheur étaient, pour les gens, d'aller à la messe et de prendre des vacances, instituent un « congé spécial pape » le jour de sa venue. De son côté, l'Église locale s'occupe de l'organisation des cérémonies et des manifestations religieuses, en faisant appel au bénévolat et aux dons. Les fidèles sont sollicités par de pressants appels pendant les messes, par mailing et par les médias. Le pape, en théorie, n'a donc pas besoin de toucher à son compte de l'Institut pour les œuvres de la religion (sa banque) pour ses voyages pastoraux. Cependant, quand il se rend dans les pays très pauvres, il distribue des sommes importantes aux déshérités, aux enfants, aux gens âgés, aux malades. Leur montant ne sera jamais connu. Pour le reste, la plupart des nombreux cadeaux qu'il remet aux Églises locales et aux œuvres ne l'obligent pas à sortir son portefeuille. Il les fait chercher le plus souvent dans les inépuisables réserves de ses greniers où s'accumulent les présents qu'il reçoit du monde entier ou qui lui ont été offerts pendant d'autres voyages. Je me souviens qu'en septembre 1996, partant de Reims dans l'Airbus papal d'Air France pour rejoindre Rome nous étions très serrés au retour car il avait fallu enlever des sièges pour caser les innombrables caisses de champagne que le Saint-Père avait reçues. Il y avait eu une extraordinaire émulation entre les patrons des maisons de champagne. S'y ajoutaient tous les cadeaux (tableaux en coquillages et autres objets célestes) dont il avait été inondé quatre jours durant de Sainte-Anne-d'Auray à Reims.

Lorsqu'il dispose pour d'autres des cadeaux qu'il a reçus, le Saint-Père recommande toutefois à Angelo de retirer la carte d'origine (afin d'éviter, comme cela nous est arrivé à tous au moins une fois, de refiler un cadeau de fête en omettant de récupérer la carte d'origine). De tout temps, l'Église a reçu d'importants cadeaux. Autrefois, des palais, des joyaux rares, tiares (dont une envoyée par Napoléon), broches en or et émeraudes offertes au Pape Léon XIII par le Pérou et représentant la Terre soutenue par des anges, calices ornés de diamants... Depuis que Paul VI a supprimé le port de la tiare qu'il jugeait trop lourde et anachronique, ces coiffures à trois étages sont, avec les autres objets précieux, présentées dans les vitrines de la sacristie de la chapelle Sixtine, sauf sa propre tiare, une sorte d'obus ciselé, que lui avaient offerte les Milanais et qu'il trouvait disgracieuse. Il la fit mettre en vente au profit des nécessiteux de l'Inde. Aujourd'hui, le Saint-Siège reçoit des voitures et autres dons importants. C'est une tradition qui remonte aux Rois mages. Lors des séjours du pape à l'étranger, de riches industriels catholiques s'empressent de financer telle ou telle partie du voyage, comme ce fut le cas lors des Journées mondiales de la jeunesse, en août 1997, à Paris, où soixante entreprises ont joué les bons samaritains. Ces participations ont représenté l'équivalent de plusieurs dizaines de millions de francs. Au premier rang des donateurs, Coca-Cola, le groupe Axa par le biais de sa filiale la bien nommée Mutuelle

Saint-Christophe, Nestlé, Auchan, Air France, Apple, France Galop, qui a prêté le champs de courses de Longchamp grâce à la providentielle mitoyenneté rue Barbet-de-Terry du cardinal Lustiger et de Jean-Luc Lagardère, Renault... dont le président protestant Louis Schweitzer a prêté de multiples Safrane aux prélats. Cette fois, peu de fonds publics, car c'était le deuxième voyage en France en moins de douze mois. Jacques Chirac l'avait reçu à de nombreuses reprises comme maire, Premier ministre et président de la République et ne pouvait faire plus en ce temps de cohabitation avec la gauche et de laïcisme militant que le recevoir en tant que chef d'État à l'Élysée à son arrivée. Ce n'est pas en Occident mais dans les pays pauvres que les dons sont proportionnellement les plus abondants : bijoux locaux, offrandes simples comme les produits de la terre. Chacun apporte sa contribution.

Après avoir fait acheminer deux *papamobile* sur place car il en faut toujours une de secours (il y en a une dizaine dans le monde qui ont été construites lors de ses visites et que les évêchés locaux gardent religieusement en souvenir), il faut toujours procéder à la check-list. On doit vérifier que la cinquantaine de valises et de malles cabossées du style cantine militaire contenant les cadeaux, médailles, chapelets, images pieuses, les centaines de copies des discours du pape en plusieurs langues et ses vêtements dont au minimum une bonne douzaine de soutanes blanches, soient toutes à bord, que la malle-chapelle dans laquelle sont enfermés les objets liturgiques et une table pliante (afin de permettre à deux de nos confrères vaticanistes, le père Gianfranco Grieco, de *L'Osservatore Romano*, et le père Joseph Vandrisse, de la Société missionnaire des Pères blancs, correspondant permanent du *Figaro* au Saint-Siège, de célébrer la messe à l'hôtel pour la poignée de journalistes qui le désirent) a bien été embarquée dans la soute.

Il ne faut pas non plus laisser à terre tout le matériel technique de diffusion de Radio Vatican, avec ses magnétophones et autres tables de montage ou celui de CTV, la télévision du Vatican. Tous deux diffusent par ondes courtes ou par satellite leurs programmes aux quatre coins de la planète (trois organes du Saint-Siège, CTV, Radio Vatican et *L'Osservatore Romano* relatent et commentent avantageusement chaque fait et geste du souverain pontife). Précieux également est le matériel qui sera mis à la disposition des journalistes : fax, programme détaillé, livrets où sont notés les renseignements pratiques, discours du pape, micros pour les interventions éventuelles du Saint-Père et des membres de la curie.

L'essentiel est évidemment ce qui concerne la santé de Jean-Paul II. Puisqu'il n'accepte jamais aucun déjeuner ni dîner officiel, tenant à rester parmi les siens afin de pouvoir se détendre et se remettre des fatigues de la journée, on embarque des caisses de son eau minérale plate de Toscane Uliveto — à Rome, il boit de la San Paolo — et son thé favori. Plus précieux encore sont les bonbonnes d'oxygène et les poches de sang groupe A, rhésus négatif, un groupe sanguin rare. Durant les séjours du pape à l'étranger, une antenne d'urgence médicalisée assure une liaison permanente avec les deux hôpitaux les plus pointus du lieu où il se trouve, auxquels est toujours transmis avant son arrivée un double de son dossier médical secret. Ses deux praticiens habituels, le docteur Buzzonetti et le cardiologue réanimateur, le docteur Polista, l'escortent partout, telle leur ombre, ainsi que deux ambulances suiveuses. Et sur le tarmac des aéroports de chaque pays un avion médicalisé est toujours prêt à décoller en quelques minutes.

Le père Tucci, soixante-dix-sept ans, metteur en scène des voyages, jésuite, théologien, au profil de médaille, mi-anglais, mi-italien, l'un des rares ecclésiastiques du Vatican vêtus en clergymen avec col romain, est toujours à proximité de Jean-Paul II. (Hasard ou calcul de l'ancien acteur de théâtre qu'il fut lors de ses études, le Saint-Père semble avoir un sens inné du spectacle et s'entoure toujours en public de collaborateurs qui ont une grande prestance.) Roberto Tucci, au cours de tous les déplacements, regarde fébrilement sa montre car il a tout programmé, minuté, découpé en tranches précises. Son oreillette est reliée en permanence au directeur de la sécurité publique locale, il peut à tout moment modifier l'itinéraire du pape en cas de circonstances imprévues. Cet intellectuel très brillant, naguère directeur de la prestigieuse revue bimensuelle jésuite *Civiltà Cattolica*, a les vraies qualités d'un régisseur de cirque. Rien ne l'effraie. Il n'hésite devant aucune décision. En 1988 il donna son accord au pilote pour que l'avion du pape volant vers le Botswana, pris dans une tempête, atterrisse d'urgence à Johannesburg, l'aéroport le plus proche. Et pourtant le pape était bien décidé à éviter l'Afrique du Sud pour motif d'apartheid. C'est aussi Tucci qui vérifie qu'on a bien placé les antidérapants dans les endroits opportuns, que le discret et précieux escabeau spécial pour monter plus aisément dans la *papamobile* n'a pas été oublié, tout comme l'écusson géant aux armes du Vatican qui doit être apposé à la droite de l'autel-podium des grands-messes spectacles ou le fléchage blanc et jaune qui doit être installé dans tous les itinéraires du Saint-Père. Ainsi, au fil des vols, si les détails changent, la stratégie et l'organisation restent sensiblement les mêmes.

Bien sûr, il peut y avoir des ratés, en particulier des ralentissements dans les déplacements et des cafouillages d'horaires dus en général à l'interférence des divers services de police. J'ai remarqué, à plusieurs reprises, que, dans ces cas-là, le pape sortait son chapelet et l'égrenait, mystique et parfaitement insensible à l'agitation ambiante.

Lorsque les voyages se terminent, on peut sentir dans la suite du Saint-Père un soulagement qui est à la mesure de l'inquiétude vécue depuis des jours pour la santé et la sécurité du Saint-Père.

La mise en scène de ces déplacements est si bien rodée depuis vingt-deux ans que, vus de l'extérieur, ils n'ont pas l'air plus compliqués que les voyages du Club Méditerranée. Vaste illusion, car, en réalité, tout se met en branle bien avant que le précédent périple soit terminé. Chaque mission fait l'objet d'un gros dossier et sa préparation peut parfois exiger dix-huit mois de travail.

Tout d'abord, les seules invitations que retient l'évêque de Rome, et qui sont d'ailleurs la condition sine qua non de sa venue, sont celles des gouvernements. Car la fonction première de ses voyages n'est pas la recherche du dialogue, l'écoute des problèmes des Églises locales. Cela, il le fait en d'autres occasions et d'abord à Rome pendant les visites périodiques *ad limina* (abréviation de *ad limina Apostolorum*, qui signifie « au tombeau des Apôtres », autrement dit à Rome) des évêques des différents pays du globe qui, tous les cinq ans pour les Européens et tous les dix ans pour les autres, viennent lui rendre hommage et lui apportent de précieuses informations. Quand il se rend à l'étranger, c'est pour donner sa « ligne ». Partout il insiste sur la nécessité de la discipline et de l'obéissance à Rome. Il veut remobiliser le monde catholique en proie à une crise profonde où les églises sont de moins en moins fréquentées et les vocations de plus en plus rares et relancer un œcuménisme où l'Église jouerait un rôle de leader. Il faut donc serrer les rangs. Il le rappelle souvent : « Le besoin d'une nouvelle évangélisation comporte en premier lieu l'exigence de l'unité. » Ces buts très clairs et ces exigences requièrent de minutieuses mises au point propres à éviter les interprétations politiques et à ménager les susceptibilités.

Le pape commence par organiser un déjeuner de travail pour mettre au point le programme de sa future visite. Le repas, comme toujours, a lieu dans la salle à manger des appartements privés au troisième étage du palais apostolique. Autour du Saint-Père prennent place le cardinal Sodano, son « Premier ministre », monseigneur Tauran, le substitut de la secrétairerie d'État, monseigneur Sandri, son secrétaire, monseigneur Dziwisz, le responsable de la section linguistique dudit pays, les évêques et principaux hauts prélats concernés par la visite et enfin l'indispensable père Tucci sans lequel rien de concret ne se fait. C'est lui qui part en éclaireur dans les pays concernés afin de rencontrer les personnalités religieuses et politiques et de définir exactement le programme. C'est la mission dite « préparatoire ». La concordance des horaires est souvent difficile, bien que le père Tucci suive scrupuleusement les directives du Saint-Père, qui a dressé une liste des lieux et des cérémonies auxquels il tient. Cela fait l'objet d'une planification écrite et minutieuse des moindres détails de chaque étape. Pour les voyages du pape en France en septembre 1996 et en août 1997, le père Tucci a obtenu toutes les facilités d'une république laïque, grâce à l'entremise du préfet Landrieu, le chef de cabinet de Jacques Chirac. Point commun : ils roulent tous les deux leurs cigarettes avec le même papier bible. Le jésuite se rend alors pour la seconde fois dans les lieux choisis, la mission dite « précurseur ». Cette fois-ci, dans les conditions mêmes que trouvera le souverain pontife, de manière à établir un chronométrage parfait. Il va jusqu'à vérifier le cérémonial de l'aéroport Leonardo da Vinci de Rome lorsque, pratiquement toujours à la même heure — 8 heures —, le pape embarque porte C 16, avec tapis rouge, simplement séparé des autres voyageurs par une banale barrière métallique. Il est toujours accompagné par quelques éminents prélats tels le camerlingue cardinal Eduardo Martinez Somalo ; le doyen du Sacré Collège, le cardinal Bernardin Gantin ; le vicaire du diocèse de Rome, le cardinal Camillo Ruini. Personnages qui resteront à terre. Est là aussi l'aumônier de l'aéroport, le père Pierre Riches. Il n'y a plus, comme au début, le président de la République italienne, le Premier ministre ou autres personnalités de l'exécutif italien. Le pape bouge trop pour cela.

Au retour de son second voyage d'étude et d'organisation, le père Tucci, en bon jésuite (il loge d'ailleurs, à Rome, dans un établissement de cet ordre), remet également au Saint-Père une note concise sur les subtilités des courants politiques et religieux du pays visité et sur l'opinion de son clergé. Avant de partir, le pape se fait initier à la grammaire et à la phonétique locales. Cela va vite, car, lorsqu'on parle autant de langues difficiles, les choses sont plus simples. Le Saint-Père se préoccupe de l'aspect liturgique et de la teneur de ses interventions et se fait informer régulièrement de la mise en place du futur périple. Il compose lui-même une grande partie des textes de ses discours, notamment quand il veut préciser sa pensée sur un sujet essentiel. Il y consacre le moindre temps libre. Ce défi intellectuel l'intéresse plus que tout. Pour les textes moins importants, il se fait aider par des spécialistes. Il n'en fait pas un secret d'État, bien que ce genre d'aveu agace prodigieusement les responsables de *L'Osservatore Romano*, surnommé perfidement l'« *amico della verità* » (l'« ami de la vérité ») et passé maître dans l'art de l'intox depuis des temps immémoriaux.

Ces dernières années, discours et sermons sont presque toujours écrits ou dictés par le Saint-Père en polonais puis traduits en italien et autres langues, parfois en français, qui reste en théorie la langue *diplomatique*. Même aujourd'hui, de sa main tremblante, Jean-Paul II a gardé sa même écriture large, claire et ferme sans ratures ni hésitations. Chacun de ses feuillets manuscrits de vingt à vingt-deux lignes est précédé du sigle « A M D G », du latin *Ad Majorem Dei Gloriam* (« Pour la Plus Grande Gloire de Dieu »). Quand il s'agit de textes composés par d'autres, Jean-Paul II les relit attentivement. Indulgent, selon son entourage, lorsqu'il ne suit pas la pensée de son rédacteur, il se contente de points d'interrogation en marge, au stylo à encre bleue, alors que Paul VI multipliait les notes demandant, par exemple, ce que signifiait liturgie « festive », mot qu'il n'avait pas trouvé dans le dictionnaire. Jean-Paul II n'est jamais tranchant. Quand une phrase ne lui convient pas, il se contente de noter de son écriture ferme et régulière : « Êtes-vous sûr que cette phrase s'impose ? » Parfois, les textes sont envoyés à la « refonte » ou corrigés à plusieurs reprises avant que la version définitive soit acceptée et enfin traduite. À l'occasion d'un voyage en Slovénie en mai 1996, le texte du discours du pape fut envoyé à Ljubljana directement au secrétariat de l'épiscopat slovène avant correction. Entre-temps, le cardinal Angelo Sodano s'aperçut que ledit discours avait été rédigé dans une version annonçant la convocation prochaine d'un nouveau synode pour l'Europe alors que les principaux évêques intéressés n'avaient pas été avertis. Trop tard. L'incident ne put être rattrapé... Ce genre de gaffe est toutefois rare dans cet univers fait avant tout de silence et de nuances...

Sur les discours que l'on donne généralement à la presse avant que le pape ne les prononce, ce qui permet de les suivre, de les analyser avant et de noter ensuite la part qu'il y a ajoutée spontanément (il ne s'évade maintenant pratiquement plus de son texte), il est spécifié « embargo jusqu'à telle heure ». Il ne viendrait à l'idée d'aucun journaliste de transgresser cette règle d'or. Il ne remonterait plus jamais à bord.

Lorsqu'un journaliste voyage avec le pape, il doit donner plusieurs semaines à l'avance la liste de ce qu'il emporte dans ses valises, vêtements compris. On vous prend votre passeport et on ne vous le rend qu'à la descente de l'avion au retour à Rome. On ne peut pas, par exemple, rejoindre un voyage en cours de route. Il faut faire l'aller et le retour. Pendant ces jours privilégiés, privé de ses papiers d'identité et couvert de badges du Saint-Siège, on est un otage consentant du Vatican.

Son photographe voyage toujours avec Jean-Paul II.

Il est en fonction à *L'Osservatore Romano* depuis 1955. Il a donc travaillé avec cinq papes. C'est un salarié du Vatican comme les autres. « Ce n'est pas une question d'argent, dit-il, je travaille parce que je crois dans le pape et dans ce qu'il fait. » Il dit aussi : « Je remercie Dieu pour mon travail. » Grâce à lui, le service photographique de *L'Osservatore Romano* est l'un des rares organes du Vatican qui gagnent de l'argent. Il a pris jusqu'à deux millions de photos du Saint-Père, qui forment un gigantesque fonds d'archives visuelles dont certaines, comme la rencontre avec Lech Walesa, en juin 1983, dans les Carpates et pour lesquelles une agence lui avait offert un demi-million de dollars, resteront secrètes. Il va jusqu'à faire quelque six cents à sept cents pellicules par pèlerinage. Photos qui sont vendues trente francs le 24-36 couleur au service photographique de *L'Osservatore Romano*, porte Sainte-Anna, qui fournit aussi bien les particuliers que les journaux et magazines (naturellement avec d'autres tarifs), ce qui, évidemment, coupe l'herbe sous le pied aux grandes agences photos mondiales. Une manne céleste dont une partie, selon un arrangement avec le ciel, irait dit-on en Pologne pour permettre à de pieux Slaves démunis de venir au moins une fois dans leur vie à Rome voir Karol Wojtyla. Les Polonais ont la passion de ces pèlerinages à Rome. En juillet dernier, pour l'année jubilaire, trente-cinq mille d'entre eux ont fait le voyage en bus, à vélo ou même à pied. On a vu place Saint-Pierre le président du Sénat, celui de la Diète, le Premier ministre et le président de la République, encadrés de leurs cardinaux, applaudir Jean-Paul II.

Bien que tourné vers l'avenir, le pasteur de l'Église universelle ne soit pas homme à feuilleter des albums de photos ni à tenir des carnets de voyages, il se soumet toujours à l'objectif avec un vrai talent donnant l'impression d'une réelle complicité et d'un rapport personnel.

« Je veux tous les rencontrer. Je veux rencontrer tous ceux qui prient là où ils prient. Le bédouin dans le désert, la carmélite ou le moine cistercien dans leur couvent, le malade sur son lit de souffrance, l'homme actif dans sa vie de tous les jours. Je souhaiterais franchir le seuil de chaque maison », affirmait quelques jours après son élection l'ancien archevêque de Cracovie. Une attitude, un esprit missionnaire, une frénésie de mouvement qui, malgré l'âge et la maladie, ne l'ont jamais abandonné.

Avant de décoller, le chef des commandants de bord de la compagnie nationale du pays visité fait respectueusement une annonce au micro. Il souhaite la bienvenue à bord au pape et à nous tous. Puis, après lui avoir exprimé, en son nom et en celui de son équipage, tout l'honneur qu'ils ressentent de l'avoir dans leur appareil, il termine généralement en disant : « Pour la première fois je remets ce vol entre les mains de Dieu au travers de son plus proche ambassadeur sur Terre. » Chacun applaudit avec enthousiasme, en particulier les évêques et diplomates locaux qui ont pour l'unique fois de leur vie le privilège de voyager dans l'avion papal et de voir le souverain pontife d'aussi près. Ils crient : « *Viva il papa !* » Et moi, nerveuse et anxieuse, je n'ai d'yeux que pour l'évêque de Rome et en oublierais presque que je n'aime guère l'avion. Mais comment éprouver la moindre peur puisque je suis sous la plus haute des protections. Sa protection.

5

Miracles en Israël sur les pas de Jésus

Il est 11 heures ce vendredi 25 mars 2000, à Korazim, un des hauts lieux du christianisme, la colline sacrée où Jésus a prononcé le Sermon sur la Montagne et accompagné des douze apôtres. La pluie vient de cesser. Sur un chemin boueux, au milieu des dizaines de milliers de fidèles dont les chants s'élèvent vers le mont des Béatitudes, la *papamobile*, envoyée spécialement de Rome, s'avance lentement tel un bateau qui glisse sur l'eau. À son bord, Jean-Paul II se tient plutôt droit. Ses épaules massives sont à peine voûtées. Bouleversé par cette marée humaine, il essaie de sourire malgré la raideur de son visage. À mesure qu'il s'approche de l'autel immense dressé sur ce site biblique, son regard s'illumine. Comme toujours, l'enthousiasme de la foule lui insuffle de l'énergie. Le temps s'est radouci. Le pape rayonne au centre des centaines de prêtres. Derrière moi, j'entends parler toutes les langues car bon nombre de pèlerins sont venus des cinq continents après de longues journées de voyage. Des évêques, des cardinaux dont le charismatique archevêque de Vienne, Christoph Schönborn, aristocrate austro-hongrois polyglotte, très proche du pape, qui, il y a quelques années, lui a prêché le carême, et qui exerce son ministère en Autriche. On murmure au sein du Sacré Collège qu'il est un successeur possible de Jean-Paul II. J'ai même vu des groupes de vieux prêtres venus du fin fond de l'Amazonie sautiller de joie sur place. Il y avait aussi des Libanais, des Palestiniens, des jeunes, surtout, qui ont pour la plupart campé dans les champs d'oliviers voisins. Quarante-cinq mille néocatéchumènes parmi lesquels neuf cents Français enthousiastes, dont certains redécouvrent le chemin de l'Église. Tous entonnèrent le *Magnificat*, suivi de *John Paul II we love you*. Le site est pavoisé de drapeaux israéliens, de ceux, jaune et blanc, du Vatican, et des banderoles des multiples nations aux slogans accueillants. Visiblement dopé par cette foule immense, Jean-Paul II réussit pendant l'homélie à s'exprimer, lentement, certes, mais d'une voix claire relayée par un impressionnant écho qui se répercute jusqu'au lac de Tibériade. Il est sans cesse interrompu par des applaudissements, et, à la fin, des ovations passionnées éclatent.

Le temps semble s'être arrêté il y a deux mille ans et ce nom de Tibériade résonne encore dans ma tête tant il est lié aux images du catéchisme de mon enfance. Je suis en Galilée où jadis Jésus accomplissait le miracle de la multiplication des poissons et des pains. J'y suis, à quelques mètres du vicaire du Christ. Immergée dans cette atmosphère de ferveur, les yeux embués de larmes, j'ai du mal à prendre des notes. Moment le plus bouleversant de cette semaine que cette messe au mont des Béatitudes. Pour y assister, j'ai dû quitter Jérusalem à minuit, la veille, à cause du dispositif de sécurité qui bloquait déjà la ville à cette heure tardive. L'un de ses responsables, Nathan Rotenberg, m'a confié, immédiatement après avoir assuré la sécurité de la grand-messe : « Votre pape est un être extraordinaire. Sa manière de passer d'une langue à l'autre et de délivrer un message de paix et de solidarité est pour nous très importante... Je viens de vivre une expérience unique. » La tâche de Rotenberg était immense, à en juger par le prodigieux service d'ordre, les kilomètres de barrières, les multiples contrôles, barrages et filtrages que j'ai traversés.

Dans cette région marquée par la Providence, Jean-Paul II a accompli quelque chose comme un miracle. Alors qu'il pleuvait sur Tel-Aviv, sur le plateau du Golan et sur le lac de Tibériade, le site de Korazim a bénéficié, signe divin, d'une éclaircie et même d'un rayon de soleil pendant les deux heures et demie de la célébration de l'office. Autre signe, cette énergie inouïe que le Saint-Père a réussi à déployer en puisant dans les ressources mystérieures que les grands mystiques savent trouver en eux-mêmes. Sans oublier son nouveau protocole de soins qui lui a donné la force physique d'affronter cet ambitieux programme. Rarement aura-t-on vu aussi fréquemment le pape s'agenouiller et se prosterner qu'au cours de ce voyage en Israël où, malgré des difficultés à se redresser, on a vu sa silhouette blanche embrasser le sol de la grotte de l'Annonciation. Pour y parvenir, il avait dû descendre à pied, appuyé sur sa canne et se tenant de la main droite à la rampe. Et, comme toujours avec lui, il est difficile de faire la part de l'énergie qu'il puise dans ses ressources humaines et dans la sublimation de sa foi. Au programme : la visite du camp des réfugiés palestiniens de Dheishe ; la messe au Saint-Sépulcre où il pénètre dans la rotonde qui abrite le tombeau du Christ, embrasse la pierre et s'abîme en prières, seul face au souvenir de la mort du Christ, pour rêver à une Jérusalem de paix ; la démarche poignante à Yad Vashem, le mémorial de la Shoah, où, à proximité de la flamme allumée en permanence, avec son ami d'enfance juif à ses côtés, Jerzy Kluger, il a fait acte de mémoire et a salué six survivants juifs des camps de la Shoah. Parmi eux, Édith Terzier, soixante-dix-neuf ans. Bouleversée, elle se souvient d'un jeune prêtre qui lui avait donné du pain et du thé à sa sortie du camp de Skarzysko-Kamienna et l'avait portée sur son dos pendant trois kilomètres pour l'amener à une gare. Il s'appelait Karol Wojtyla. Enfin, une image qui restera présente dans toutes les mémoires, bien au-delà des frontières d'Israël, celle du geste symbolique du pape face au mur des Lamentations quand il s'avance et glisse entre les pierres ocre et deux fois millénaires du mur le plus célèbre du monde une lettre de repentance pour les souffrances subies par le peuple juif. La lettre porte l'en-tête du Vatican, elle est signée en latin par le souverain pontife. Avant de l'introduire dans la pierre sacrée et de la bénir, il en a doucement murmuré le contenu, dans un silence religieux qui permettait d'entendre le crépitement des flashes d'Arturo Mari, toujours à dix mètres de lui. Des images aussi déchirantes que surprenantes qui se sont déroulées sous mes yeux tel un film en projection privée.

Grâce à mes récentes complicités avec les chefs de la police israélienne rencontrés la veille à l'hôtel King David, j'ai la chance de toujours me trouver dans l'axe rouge du pape, c'est-à-dire avec son proche entourage, à quelques pas de lui dans le périmètre stratégique des manifestations. Et ainsi de suivre, une petite semaine durant, par un climat tempéré plutôt favorable à son état de santé, Jean-Paul II sillonnant cette terre sensible encadré par vingt mille policiers et un bon millier de militaires. Les soldats pointent leurs automitrailleuses, les hélicoptères patrouillent sur la ville à basse altitude, les sirènes des ambulances hurlent, suivies d'un étrange véhicule de déminage, une vraie curiosité, dont on craint qu'il ne vous explose au visage. De quoi angoisser les touristes peu habitués à la répression policière et largement exaspérer les citadins qui, cette fois, comme frappés par la grâce, ont tout supporté avec une indulgente passivité, y compris les inextricables encombrements dans les rues étroites. Seuls les taxis, quand ils harponnaient un client, voire une candide journaliste comme moi — il y en avait trois mille en ville —, s'arrangeaient, sous un prétexte obscur exprimé en hébreu, pour doubler la somme au compteur ! Le pape, lui, a tristement regretté, comme il l'a confié au père Tucci dans la sacristie de fortune de Korazim, juste après la grand-messe, qu'« on mette une ceinture de sécurité autour de lui ». Ce qui l'a privé des bains de foule qu'il aime tant et qui le galvanisent.

En marge de ces cérémonies officielles suivies localement en direct par des milliers de pèlerins, dont beaucoup arrivés par avions spéciaux, les organisateurs du Vatican et les Israéliens dirigés sur place par l'ancien patron de la police ont dû résoudre d'innombrables problèmes de dernière minute. Et leur tâche n'a guère été facile car ils étaient également inquiets pour la santé d'un homme qu'ils ne connaissaient jusque-là qu'à travers les images douloureuses transmises par la télévision, et dont ils mesuraient mal l'incroyable résistance. Ils lui ont donc évité le plus possible de marcher et de rester debout, plaçant toujours discrètement à ses pieds un petit escabeau lors de sa descente d'hélicoptère, de la *papamobile* ou du 4×4 blindé. Ils ont préféré qu'il soit conduit par son chauffeur italien, Orlando Santinelli, plus habitué qu'eux à sa cadence, qui était venu quelques jours auparavant en repérage afin de lui épargner le plus possible les secousses, notamment sur des routes sans revêtement. Leur talent a aussi été de faire face aux multiples imprévus, certains simples, comme de faire en sorte qu'il puisse retourner prier au Saint-Sépulcre le jour de son départ, et d'autres plus compliqués... En effet, la moindre des difficultés concernant Jean-Paul II devient vite insurmontable parce que, impressionnés, voire paralysés par la grandeur du personnage, les organisateurs craignent de prendre des initiatives. Malgré cela, ils ont bien fait d'avancer d'une heure la visite au camp des réfugiés de Jérusalem-Est truffé de caméras invisibles. Brillante inspiration, suggérée par les services secrets israéliens, car ce déplacement aurait pu se révéler catastrophique pour le souverain pontife. À peine en était-il parti que les Palestiniens commencèrent à lancer des pierres. Le Premier ministre Lionel Jospin en a récemment fait l'expérience. Heureusement, le pape est toujours escorté de son médecin personnel, le docteur Renato Buzzonetti, qui n'omet jamais de transporter dans sa grande trousse d'urgence ses fameuses poches de sang ainsi que tous les médicaments nécessaires à son illustre patient. Prudemment, les Israéliens avaient offert au souverain pontife un gilet pare-balles ultraléger et très souple, mais, autant par fatalisme que par coquetterie, il s'est obstinément refusé à le porter ! Ce lancer de pierres a d'ailleurs été largement amplifié par les télévisions du golfe Persique, à l'affût de scoops, pendant la période du pèlerinage à La Mecque. Leurs chaînes ont sans complexe interrompu les programmes pour annoncer qu'il y avait eu un attentat contre le chef suprême de l'Église catholique ! Quand, sur le parvis de l'église de la Nativité de Bethléem, à 11 h 50, pendant la messe du pape, j'ai cru entendre le muezzin appeler les musulmans du minaret de la mosquée voisine pour l'une des cinq prières de la journée dictée par le Coran, comme je ne comprends pas l'arabe, j'ai naturellement pensé que je me trompais. C'était pourtant vrai, et le Saint-Père, avec beaucoup de calme, a dû pendant plusieurs minutes interrompre la messe. Un petit incident parmi d'autres, qui a, fort heureusement pour le Vatican, échappé aux pools des cameramen et que CTV, la chaîne du Saint-Siège, n'a pas filmé. Mais il y a aussi eu des moments cocasses comme lorsque, à Nazareth, un homme est fièrement venu remettre au Saint-Père une brique théoriquement authentique de la maison d'Abraham et que Jean-Paul II lui a répliqué avec humour : « Et moi qui croyais qu'Abraham vivait sous la tente ! » Panique et agitation de dernière heure aussi lorsque, juste avant le shabbat, la police a été tenue de repeindre en hâte l'hélicoptère Sikorski Black Hawk vert olive de l'armée en bleu marine, les couleurs de la police. Il est en effet formellement interdit à l'armée de l'air de voler durant le shabbat.

Pendant ces longues et harassantes journées, l'entourage immédiat de Karol Wojtyla, monseigneur Dziwisz, le cardinal Angelo Sodano, monseigneur Marini, le prélat au physique d'acteur américain responsable des cérémonies liturgiques, son très prévenant Angelo Gugel, Camillo Cibin, l'inspecteur général de la *vigilanza*, police du Vatican, ses deux médecins, et trois gendarmes, ne le quittent pas des yeux. Ils retiennent leur souffle à chacun de ses gestes, toujours angoissés à l'idée qu'il lui arrive quelque chose. Dix sites visités, cinq grands-messes, autant de discours en latin, en anglais et même des phrases en hébreu et en arabe, des rencontres officielles avec Abdallah II de Jordanie, Yasser Arafat, le président israélien Ezer Weizman et le Premier ministre Ehud Barak, le pasteur de l'Église universelle n'a pas ménagé ses forces. Chacun de ses pas est une souffrance physique évidente, qui transforme ses déplacements en autant de stations d'un chemin de croix. Du moins, sa difficulté à s'exprimer parfois d'une voix ferme et sa manière de se mouvoir à petits pas hésitants ont-elles donné une force encore plus vive à son message de paix. Les proches collaborateurs qui l'accompagnent depuis vingt et un ans dans chacun de ses périples ont toujours fait en sorte de gérer sa vie quotidienne presque à son insu pour ne pas ajouter à la tension de ce marathon épuisant. Et, à la tombée de la nuit, Jean-Paul II rentre à la délégation apostolique à Jérusalem-Est, un bâtiment ocre pâle avenant et noyé de verdure, avec dans le petit salon attenant à sa chambre une céramique murale déjà là du temps de Paul VI. Elle rappelle l'accolade historique de ce pape et du patriarche de Constantinople, Athénagoras. Là, le pape peut enfin se reposer, s'abandonner à la prière et retrouver la cuisine simple et rustique des sœurs italiennes de la Miséricorde.

Discrètement embarquée dans l'avion papal à l'abri des caméras, sœur Germana, toute de blanc vêtue, veille avec une bienveillante autorité à ce qu'on ne lui serve pas de fritures, que rien ne soit glacé et qu'on lui propose des plats moins relevés et moins riches que ceux de la traditionnelle cuisine casher peu propice à son estomac, fragile depuis son attentat. Ce qui a été le cas pour certains repas pris à l'extérieur. Il n'a jamais osé refuser de faire honneur à ce qui avait été cuisiné selon des recettes ashkénazes par les membres de l'importante communauté juive polonaise locale. En voyage, sœur Germana est aussi là pour s'occuper, comme à Rome, de sa garde-robe et tenir toujours prêtes ses épaisses ceintures blanches, ses multiples soutanes et camails immaculés plus ou moins légers qu'elle repasse chaque jour avec soin. Entre une école talmudique et les hôpitaux de pointe Hadassah et Augusta-Victoria, tous deux en alerte permanente, le pape peut, face au mont des Oliviers, s'isoler et méditer un peu en silence.

En quelques gestes, la frêle silhouette voûtée de cet homme de quatre-vingts ans, nimbé du mystère de la foi, un rictus de souffrance sur ce visage au regard volontaire et se déplaçant difficilement, a forcé l'admiration d'un peuple encore indifférent quelques jours auparavant. L'émotion a grandi peu à peu. Autour de Jean-Paul II s'est développé non seulement un vif courant de sympathie, mais de la dévotion dans un pays que rien n'épate. Et ce voyage que, dans le secret de son cœur, il a désiré plus que tous les autres a finalement suscité, tant de la part des hautes autorités que du commun des mortels, un réel engouement, au point de séduire les moins motivés. Quel n'a pas été mon étonnement de surprendre certaines des prestigieuses autorités intellectuelles du pays, jusque-là peu captivées par cet événement, se passionner soudain pour cette visite — un des paradoxes dont seul Jean-Paul II a le secret. Les éditorialistes, les écrivains influents, David Grossmann, Amos Oz et les autres..., les grands quotidiens, *Maariev*, *Ha'retz*, *Jerusalem Post* (celui-ci se distingant par un logo accrocheur) lui ont tous consacré cinq colonnes à la une et, six jours durant, l'essentiel de leurs éditions, alors que peu de temps avant son arrivée ils étaient très réservés et occupés surtout par l'affaire de harcèlement sexuel de leur ministre de la Défense ! Impossible d'allumer la télévision dans ma chambre d'hôtel sans voir Jean-Paul II sur les chaînes locales israéliennes et arabes. L'un des canaux israéliens est même allé jusqu'à incruster dans le coin gauche de l'écran un sigle accrocheur en forme de croix qui a dû faire sursauter les juifs ultraorthodoxes et les rabbins en châle de prière. Dans chaque magasin des rues King-David et Agro, les principales artères de Jérusalem, le plus modeste des commerçants comme l'antiquaire le plus flamboyant, poste de télévision sur le comptoir, suivaient ces reportages avec le même intérêt que pour un match de football. Jean-Paul II a forcé le respect des plus humbles aux plus puissants. Même les enfants, qui scandaient *el baba* — « le pape » en hébreu —, en ont fait, le jour de son arrivée en Israël, le héros de Pourim, leur carnaval. Chacun a sûrement ressenti la grâce, voire le rayonnement qui se dégage de sa personne, symbole aussi de la fragilité humaine.

Ceux qui imaginaient que ce médiateur de génie allait se laisser piéger et entrer dans le délicat processus de paix ont été désarçonnés par son sens politique. Homme d'État et fin diplomate, le pape n'a pas attendu son quatre-vingt-onzième voyage à l'étranger pour prouver son habileté et sa détermination. Comme l'explique Avi Pazner, ancien ambassadeur à Rome et, à l'époque, l'un des artisans de la reconnaissance de l'État d'Israël par le Vatican, aujourd'hui président de l'Appel juif unifié né lui aussi en Pologne, ce qui a créé entre lui et le Saint-Père une évidente complicité. « De cette visite historique, personne ne tirera avantage aux dépens de l'autre. Chacun en voulait plus, mais le Saint-Père ne s'est jamais laissé emporter ni influencer. Il est beaucoup trop prudent et avisé pour cela. Lorsque, en avril 1992, j'avais osé lui faire remarquer que le Vatican était l'un des derniers pays au monde à n'avoir pas encore de relations avec Israël, d'un ton à la fois grave et teinté d'humour, il m'avait rétorqué : « Vous voulez insinuer que nous sommes les pires ! Savez-vous que dans notre religion il est dit que les derniers seront les premiers ? » À cet instant, j'ai compris que c'était gagné. Malgré l'âge et la maladie, je n'imagine pas qu'on puisse, aujourd'hui pas plus qu'hier, l'entraîner vers autre chose que ce qu'il a lui-même décidé. » On rappelle au Vatican que Jean-Paul II aime répéter que les juifs et les chrétiens sont tous fils d'Abraham.

« Il a vécu parmi les juifs et a eu des amis juifs. C'est pourquoi il comprend comment nous fonctionnons », a aussi expliqué le grand rabbin de Jérusalem, Ismael Mesir Lau, qui était, avant l'arrivée de Jean-Paul II, l'une des personnalités sceptiques quant au réel intérêt de sa visite. Le père de Karol Wojtyla, lieutenant à la retraite, louait en effet au 2 de la rue Ryrek, à Wadowice, un modeste deux pièces cuisine à un commerçant juif, Chaim Balamuth, qui tenait boutique au rez-de-chaussée.

Le pape a un jour raconté : « Petit garçon, je pratiquais le foot dans le gymnase de Wadowice, on jouait l'équipe des catholiques contre celle des juifs mais sans aucune connotation antisémite ! » D'ailleurs, il a longuement parlé dans son ouvrage, *Entrez dans l'espérance* *, de cette immersion dès sa plus tendre enfance dans le milieu juif : « Depuis mes plus jeunes années dans ma ville natale, je fréquentais beaucoup de juifs. Je me rappelle avant tout l'école primaire de Wadowice où un quart au moins des élèves étaient juifs. Je tiens à rappeler tout particulièrement mon amitié avec l'un d'eux, Jerzy Kluger. C'est une amitié qui a duré depuis les bancs de l'école jusqu'à nos jours. J'ai encore devant les yeux l'image, bien vivante, des juifs qui tous les samedis se rendaient à la synagogue située derrière notre école. Les deux groupes religieux, catholiques et juifs, étaient unis, je suppose, par la conscience de prier le même Dieu. Bien qu'on n'utilisât pas la même langue, les prières à la synagogue et à l'église se fondaient en grande partie sur les mêmes textes. » Sans aucun doute est-ce une des clés de la réussite de ce périple mémorable en Israël dont Karol Wojtyla a évité les principaux écueils politiques. Et, de fait, au Saint-Siège, le cardinal secrétaire d'État Angelo Sodano et monseigneur Tauran, des personnages prudents particulièrement soucieux en fin de règne de respecter la ligne traditionnelle du Vatican, plus propalestinienne que prosioniste, donc plus proches d'Arafat que d'Ehud Barak, ont jusqu'à la dernière minute subtilement essayé de faire pression en faveur de Yasser Arafat. En

* Éd. Plon-Mame, 1994.

vain. Éclairé par de longues années de diplomatie, Jean-Paul II leur a résisté, tout comme aux Palestiniens eux-mêmes qui voulaient donner une connotation politique à ce voyage.

Fasciné par ce lieu de rencontre entre Dieu et l'Histoire, le pape tenait à célébrer dans un climat œcuménique le deux millième anniversaire de la naissance du Christ. Mais aussi à conforter ses frères catholiques des Églises melkite, arménienne, syrienne, maronite, copte et chaldéenne, de moins en moins nombreux au Proche-Orient au fil des ans, victimes de la difficile coexistence avec l'islam et de l'hémorragie de l'émigration. « Accrochez-vous sur cette terre », a-t-il lancé aux chrétiens d'Orient pour leur donner du courage.

Ce pèlerinage, qui a renforcé le dialogue judéo-chrétien, est le chef-d'œuvre de quatre personnalités de la génération du pape dont trois hauts prélats, bien sûr, le père Roberto Tucci, le cardinal australien Edward Cassidy, personnage plein d'humour et président du Conseil pontifical chargé de la promotion de l'unité des chrétiens, et Roger Etchegaray, le cardinal des missions difficiles président du Comité du grand jubilé de l'an 2000. C'est lui qui a secondé le pape dans la délicate formulation de la demande de pardon au peuple hébreu. En marge de ces grands dignitaires de l'Église, il faut évoquer le rôle plus discret qu'a joué l'ingénieur Kluger, l'ami juif polonais de Rome avec lequel, dès l'âge de six ans, Karol Wojtyla a appris à jouer au ping-pong, à skier sur des planches de bois alors fabriquées à la main. Avec lequel il est allé à l'école élémentaire et au lycée à Wadowice, cette ville de dix mille habitants des contreforts des Carpates qui comptait quelque huit mille catholiques et deux mille juifs. Depuis 1978, Jerzy Kluger a beaucoup œuvré pour le rapprochement entre les juifs et les catholiques.

En avril 1999, Ariel Sharon, qui est à la tête du Likoud, la droite israélienne, rendant visite au Saint-Père à Rome, lui offre une carte du monde du XVIIe siècle, *Nova totius terrarum orbis tabula*, où figurent en latin les anciennes régions de Judée et de Samarie dévolues aux douze tribus des Hébreux. Le pape, manifestement heureux, prend le document dans ses longues mains, le contemple attentivement, comme me l'a rapporté l'un des meilleurs amis de Sharon, Uri Dan, également présent ce jour-là. « Je vais enfin arriver en Terre promise », répète-t-il avec enthousiasme à plusieurs reprises. Le leader politique et son entourage sont fascinés de voir que le pape évoque très naturellement la « Terre promise des juifs et non la Terre sainte des chrétiens ». Jean-Paul II, parlant alors de son futur voyage en Israël, insiste : « Puisque depuis vingt siècles les noms n'ont pas changé, j'emporterai la Bible comme guide », puis, les yeux mi-clos, la voix hachée par l'émotion, sous le regard étonné de ses visiteurs, il se met à égrener en hébreu le nom de chacun des Lieux saints.

Lorsque le pape a quitté Israël à bord d'un avion d'El Al, l'équipage était, en son honneur, œcuménique, avec, pour s'occuper tout spécialement de lui, quatre hôtesses : Annabella Gonen, Miss Monde de sa profession, une brune de vingt-quatre ans, une Noire catholique d'origine éthiopienne, une Israélienne originaire, comme son prestigieux passager, de Wadowice, en Pologne, une Arabe musulmane et un steward arabe chrétien maronite, ancien chanteur d'opéra spécialiste de Verdi et parlant de ce fait italien ; une brillante équipe réunie par le président de la compagnie, présent lui aussi dans l'appareil. Cette fois, le pape n'a pas échappé au repas casher, règle à laquelle la compagnie nationale israélienne ne déroge jamais. Sûrement un vol dont il se souviendra, lui qui vit dans la Ville éternelle où la communauté juive ne compte que cent cinquante mille personnes (et dont quatre familles ont découvert que leurs origines remontaient à Jésus-Christ).

Sœur Valérie Galizie, religieuse italienne de Saint-Vincent-de-Paul, responsable depuis quarante ans d'un orphelinat de petits Arabes à Jérusalem-Ouest, m'a dit : « Un nombre incalculable de prières se sont à ce jour élevées vers le ciel pour la paix de Jérusalem mais celle qu'élève ici Jean-Paul II au crépuscule de sa vie et au cœur du conflit, cette prière est différente, elle résonne beaucoup plus fort car elle a ouvert le cœur des hommes. Cette visite sera non seulement soumise à l'examen de Dieu mais aussi à celui de l'Histoire. »

« Il s'est passé là-bas quelque chose de tout à fait extraordinaire et de mystérieux », a dit le pape à son ministre de la Culture, le cardinal Poupard, commentaire que celui-ci m'a rapporté à son retour. Comme le Saint-Père l'a expliqué au traditionnel déjeuner du dimanche suivant au cardinal Deskur : « J'étais infiniment heureux que la télévision israélienne ait traduit tous mes sermons en hébreu. »

À l'audience générale du 29 mars, à Rome, c'est avec les milliers de pèlerins venus l'acclamer, se faire bénir et l'entendre sur la place Saint-Pierre que l'évêque de Rome a voulu partager cette joie immense. « La reconnaissance que j'ai dans mon âme pour ce don du Seigneur que j'avais tant désiré est inexprimable. » Dans ces quelques paroles résonnent l'humilité du pasteur devant ses disciples et le frémissement du message de Jésus puisé aux rives du Jourdain. Jean-Paul II, avec cette visite aux Lieux saints, a réalisé un désir viscéral, à la fois mission essentielle et démarche personnelle aux sources de la foi. Une aspiration très forte qui le hantait et mobilisait ses prières depuis le tout début de son pontificat. Il était alors si fringant...

Le 24 décembre 1978, lors de sa première messe de minuit dans la plus grande basilique du monde, Saint-Pierre, au pied du monumental baldaquin de bronze du Bernin qui chante la gloire de Dieu, étaient rassemblés devant lui la curie romaine au grand complet, les ambassadeurs près le Saint-Siège en habit et grandes décorations, les corps constitués, un parterre de personnalités et quelques fidèles privilégiés. Face à tous les regards qui convergeaient vers un nouveau souverain pontife non italien et venu de loin, avec sa franchise toute polonaise, il a confessé sans détour, de sa voix alors puissante, à cette brillante assistance qui l'observait pour la première fois de près, que c'était dans la grotte de la Nativité à Bethléem (en Cisjordanie) qu'il aurait voulu célébrer cette messe de Noël : « Il y a quelques jours, j'avais exprimé mon désir profond de me trouver dans la grotte de la Nativité à Bethléem pour y célébrer le début de mon pontificat. Puisque les circonstances ne me le permettent pas et que je me trouve cette nuit avec vous, je cherche plus encore à être spirituellement à vos côtés pour célébrer cette liturgie avec la profondeur, l'ardeur, l'authenticité d'un immense sentiment intérieur. »

Il aura fallu deux décennies pour qu'à l'aube de ses quatre-vingts ans cet homme indomptable réalise ce très vieux rêve. Et que son chemin, qui l'a mené aux quatre coins du monde pour évangéliser les continents, croise enfin les pas du Christ, là où il prêcha avec ses disciples il y a deux mille ans.

6

« *Sono un vecchio papa* »

Ce matin-là, je suis dans les appartements privés de Jean-Paul II. Monseigneur Dziwisz a fait disposer avec soin sur la grande table du salon-bibliothèque les photos prises par Jean-Claude Deutsch que j'apporte en hommage au Saint-Père. Celui-ci se penche et observe attentivement chacun des tirages tout en me regardant du coin de l'œil avec malice. Puis il me déclare :

« *Sono un vecchio papa* » (« Je suis un vieux pape »). Imperturbable, il attend ma réaction. Je suis très embarrassée et je balbutie en italien : « Mais non, Très Saint-Père, l'état civil n'a rien à voir. Sa Sainteté a une énergie qui depuis des jours non seulement nous impressionne mais... » Brusquement il m'interrompt en riant :

« Disons qu'avec vous vous avez un excellent professionnel pour photographier un vieux pape ! » Angelo Gugel, qui se tient juste derrière lui, me fait un signe complice, aussi content que monseigneur Dziwisz que j'aie osé contredire le pape avec douceur.

Il est vrai que le Saint-Père m'impressionne par son énergie et son courage. Mais, comme tous ceux qui l'aperçoivent un jour ou l'autre, je ne peux m'empêcher de m'inquiéter devant la dégradation visible de sa santé. Quelle différence avec ce pape si vif après l'élection que l'on voyait marcher allègrement dans les couloirs du Vatican suivi de loin par les vieux prélats et *monsignori* essoufflés ! Il le sait et s'efforce de faire partager la confiance qu'il met dans la Providence. Il s'y est employé il y a peu de temps encore devant le corps diplomatique.

Au deuxième étage du palais apostolique, salle Clémentine, dans cette vaste pièce baignée d'une lumière douce et magnifiquement décorée sous le règne de Clément VIII, Jean-Paul II reçoit de façon très protocolaire les ambassadeurs des cent soixante et onze nations accréditées auprès du Saint-Siège, tous placés par ordre alphabétique (la république d'Andorre est donc en tête). Le Saint-Père sait qu'ils scrutent sa démarche, ses gestes, son visage pour évaluer son état de santé avant d'envoyer des télégrammes diplomatiques dans leurs pays respectifs. Aussi juge-t-il nécessaire, ce matin du 10 janvier 2000, de faire une brève déclaration qui manifeste la confiance qu'il a dans sa santé à ces diplomates un peu raides en habit et grandes décorations. « Dieu ne nous demande jamais rien au-dessus de nos moyens. Il nous donne Lui-même la force d'accomplir ce qu'Il attend de nous. »

Ainsi, avec quelques paroles pendant la traditionnelle cérémonie des vœux, le souverain pontife rassure-t-il le monde chrétien sur ses nombreux problèmes physiques. Et souligne au passage que, soutenu par la Providence généreuse et par la prière, il a pu, malgré ses lourds handicaps, couronner son rêve de conduire l'Église catholique vers le troisième millénaire. Il est même arrivé depuis à fêter son quatre-vingtième anniversaire, l'esprit lucide et le cœur vaillant, après quelque vingt et un ans et demi de pontificat. Il n'a aucune gêne à avouer ses limites physiques. Et si cet homme qui était un athlète devient de plus en plus prisonnier de son corps — ce n'est un secret pour personne —, il garde néanmoins une force spirituelle, une capacité intellectuelle et une mémoire extraordinaires. Même atteint d'un syndrome de Parkinson qui l'amène à trembler de la main gauche et le gêne dans son élocution, à quoi s'ajoutent les douloureuses séquelles de l'attentat et de multiples interventions chirurgicales, il fait front semaine après semaine à ses nombreux engagements.

Personne ne peut nier que son rythme de travail soit moins intense qu'avant. S'il continue à visiter régulièrement le dimanche les paroisses de la capitale italienne, il ne s'attarde plus pour dialoguer avec les fidèles. Il répond maintenant d'une seule phrase, la voix souvent essoufflée, à l'ensemble de leurs questions. À l'audience générale du mercredi, il ne descend plus pour serrer les mains des pèlerins. Ce sont eux, du moins ceux de la *prima fila*, qui viennent à lui. Et, lors des visites des autorités religieuses et civiles, le cardinal secrétaire d'État Sodano remet solennellement à chacun d'entre eux le discours que le Saint-Père n'a plus la force de prononcer. Enfin, il ne peut plus s'agenouiller et embrasser le sol en descendant de l'avion dans un pays étranger où il vient pour la première fois, comme il le faisait autrefois. Maintenant, on lui apporte une coupe contenant de la terre locale et on l'élève vers son visage. Malgré ces changements, il est étonnant, lorsqu'on l'approche régulièrement, d'observer son appétit de vivre, comme en août dernier, aux XVe Journées mondiales de la jeunesse, où il mena la « danse » devant deux millions de jeunes sous une température de 35 degrés. Parfois, son regard se fait sombre quand un membre de son entourage voulant l'aider à marcher lui tend le bras avant qu'il l'ait lui-même réclamé d'un signe discret. Il écoute les médecins avec autant de courtoisie que d'humilité et ensuite il n'en fait qu'à sa tête. Dès qu'il se sent mieux après une forte fatigue, il veut immédiatement quitter son lit.

À la polyclinique Gemelli, on se souvient de sa phrase : « Si le pape est malade, il reste ; s'il n'est plus malade, il sort. » « Autrement dit, Jean-Paul II veut ignorer la convalescence », m'a confié en soupirant l'un de ses médecins. Cette attitude est contagieuse au point que plusieurs personnes de sa suite et de sa génération, dont, entre autres, son médecin personnel, le docteur Buzzonetti, soixante-douze ans, ancien praticien de l'hôpital San Camillo, et son chef de la sécurité, Camillo Cibin, soixante-seize ans, sont si impressionnées par sa capacité à surmonter les obstacles et si attachées au vieux patriarche de l'Occident qu'ils n'imaginent pas une seconde prendre leur retraite. Et comment y arriveraient-ils ? Bien qu'il semble épuisé certains jours, le pape a des projets nouveaux jusqu'à l'été 2002, date des prochaines Journées mondiales de la jeunesse à Toronto. Ses proches en sont médusés. C'est un être en apparence fragile mais à la résistance physique inébranlable. Pour preuve, d'ailleurs, l'énergie qu'il déploie depuis le début des fêtes de l'année sainte, avec, en moyenne, un événement exceptionnel tous les trois jours. Il n'en reste pas moins que le rythme de travail de Jean-Paul II est un défi aux limites naturelles d'un corps affaibli. À moins que cela ne soit sa manière secrète d'accomplir régulièrement les quatorze stations de son chemin de croix et de faire le don de sa souffrance au Seigneur. Il doit supporter son syndrome de Parkinson, mal dont ont été frappés avant lui d'autres personnages historiques : Hitler, Mao Tsé-toung, le général Franco, Leonid Brejnev et maintenant Yasser Arafat...

Ce syndrome touche un pour cent de la population âgée de plus de soixante-cinq ans mais il n'empêche pas les sujets correctement soignés de mener une existence quasi normale, comme l'explique le professeur Bruno Dubois, neurologue à l'hôpital de la Pitié-Salpêtrière et grand spécialiste en la matière. « Le cerveau est soumis à une déficience de l'hormone cérébrale appelée dopamine, diminuant la motricité des membres. Cette carence aboutit d'une part à un tremblement très caractéristique car il disparaît lors des mouvements volontaires, d'autre part à une raideur anormale des membres et à une tendance à la disparition des rides. L'évolution peut aller jusqu'à une grande impotence des membres mais, dans quatre-vingt-dix pour cent des cas, les fonctions intellectuelles sont totalement conservées. Pour pallier ce handicap, on remplace l'hormone cérébrale par du L Dopa en sachant que ce neuromédiateur de courte durée d'action — trois à quatre heures — nécessite des prises rapprochées sous peine de réapparition des troubles à brèves échéance. »

Enfin, le Saint-Père souffre assez souvent de l'abdomen depuis l'attentat de 1981.

Ce sont donc des soins constants auxquels est tenu Jean-Paul II, qui poursuit régulièrement les examens médicaux qu'exigent son âge, son syndrome de Parkinson et son lourd passé opératoire. Très régulièrement, il fait un bilan sanguin très complet, une endoscopie et un I.R.M. Il a subi pas moins de sept interventions chirurgicales sous anesthésie générale depuis les débuts de son règne ! Ses intimes laissent toutefois entendre qu'il s'opposera à tout acharnement thérapeuthique, contrairement à certains hommes d'État tels Franco ou Deng Xiaoping, dont on a prolongé artificiellement l'existence de longues semaines au lieu de les laisser mourir en paix.

En attendant, le premier pape du siècle à avoir été élu à moins de soixante ans se refuse obstinément à reconnaître les lois du temps et avant tout à écouter son vieux corps usé. Quand ses médecins lui suggèrent d'économiser ses forces, il s'emporte. Pour lui, on n'a pas l'âge de ses artères mais celui de son cœur, et il n'hésite pas à l'expliquer aux gens de sa génération, dans sa lettre aux personnes âgées du 1er octobre 1999 : « Malgré les limitations qui surviennent avec l'âge, je conserve le goût de la vie grâce au Seigneur. Il est beau de pouvoir se dépenser jusqu'à la fin pour la cause du royaume de Dieu. »

Le Saint-Père est constamment suivi par des spécialistes de la polyclinique catholique Gemelli de Rome, un immense hôpital de mille sept cents lits, à cinq kilomètres du Vatican, propriété des évêques italiens, qui emploie six cent soixante médecins et mille six cents infirmières et possède un héliport. Cela en coordination avec ses deux médecins. Le plus important, le docteur Renato Buzzonetti, en quelque sorte son médecin de famille, est, en tant que directeur des services sanitaires du Vatican, à ses côtés depuis les débuts de son pontificat. Il dirige en fait un dispensaire d'une cinquantaine de médecins qui exercent derrière les hauts murs de la cité papale la plupart des spécialités médicales sauf la gynécologie, et ont passé des conventions avec les meilleurs hôpitaux romains. Le second praticien est le docteur Patrizio Polista, quarante-deux ans, cardiologue et réanimateur spécialiste en hémodynamique — le contrôle sanguin préopératoire en chirurgie cardiaque. Participe officiellement depuis quelque temps une équipe française de très grande renommée dans le domaine du syndrome du Parkinson, avec la plus grande discrétion, pour ne pas vexer les Italiens (Padoue est le siège de la plus ancienne faculté de médecine du monde).

Malgré tout cela, Jean-Paul II est-il vraiment bien soigné ? Comme me l'a fait remarquer perfidement un important prélat ami du pape, « généralement, les hautes personnalités sont entourées de ce qu'on peut appeler un " cénacle médical ". C'est-à-dire un noyau de médecins pas toujours choisis pour des motifs exclusivement scientifiques... et qui hésitent souvent à s'entourer d'avis supplémentaires ou d'autres expertises médicales qui permettraient de porter un regard neuf et objectif sur le patient ». Un partage du savoir assez incompatible avec la confidentialité souhaitée.

Comme Rome n'est pas équipée d'un hôpital militaire de la qualité de ceux de Paris et de Washington, pour parer à toute éventualité et rester le plus discret possible, un appartement secret vient d'être installé — officiellement pour des cardinaux souffrants — à l'hôpital Saint-Charles-de-Nancy, à quelques centaines de mètres du Vatican. C'est une petite structure hospitalière privée ultramoderne, via Aurelia, qui a été fondée par les religieuses françaises de Saint-Charles-de-Nancy et qui appartient aujourd'hui à l'ordre de l'Immaculée Conception. La suite spécialement aménagée au troisième étage pour le souverain pontife comprend une chambre de taille moyenne aux murs blancs et sol de linoléum crème, avec un lit d'hôpital roulant afin de pouvoir pratiquer sur place une petite intervention chirurgicale, et une salle de bains de marbre avec baignoire et douche. La fenêtre de la chambre donne sur le dôme de Saint-Pierre, à quelques centaines de mètres à vol d'oiseau. À côté, il y a une chambre plus simple pour le secrétaire du pape. Dans le même couloir, deux pièces sont également prévues pour la sécurité rapprochée. La suite est bien séparée du reste du petit hôpital de quarante lits, afin d'en faciliter la surveillance. En cas d'urgence, Jean-Paul II pourrait en quelques minutes accéder à Saint-Charles-de-Nancy par un parking souterrain donnant directement sur un ascenseur. Ce centre médical récemment refait, avec des salles d'opération toutes neuves, est aussi réputé pour ses départements d'orthopédie, d'ophtalmologie et de gynécologie.

Bien au-delà de l'aspect médical qui assomme Jean-Paul II — c'est d'ailleurs là une des raisons pour lesquelles il est si difficile à soigner —, il reste un point essentiel à ses yeux : avant tout imprégné des enseignements de l'Évangile, il a depuis toujours remis son destin entre les mains de Dieu et accorde à la souffrance, que, contrairement à d'autres, il ne craint pas, une valeur mystique. C'est sa manière d'imiter le Christ. Pour lui, le chrétien idéal est le martyr. Il suffit de l'observer de près, comme j'ai eu la chance de le faire à de multiples reprises, agenouillé sur un prie-Dieu dans un silence absolu, les yeux mi-clos, le visage irradiant la sérénité, pour comprendre à quel point la vigueur de sa foi guide son existence.

Il est vrai aussi que la rude existence qu'il a connue jeune orphelin, remplie de souffrances physiques et morales, l'a très vite aguerri aux blessures et aux agressions. Il a vu disparaître toute sa famille avant sa majorité. À vingt-quatre ans, le 28 février 1944, il a été victime à Cracovie d'un grave accident : alors qu'il sortait de l'usine de soude Solvay où il était employé de jour et de nuit, après avoir accompli deux rotations successives de travail, un camion militaire allemand le renverse sur la route du retour. Il est blessé à la tête. Il perd connaissance. Il en garde encore une petite cicatrice à l'oreille gauche qu'il a montrée trente-huit ans après en visitant l'usine Solvay de Toscane. (Celle de Cracovie n'existe plus. Un magasin Carrefour est édifié sur son emplacement.) Terrible épreuve pour un jeune homme qui était déjà très seul et qui en souffrait, bien qu'il se fût très tôt forgé une philosophie qui devait le conduire vers son destin. Son existence a dès lors toujours oscillé entre le mystique, le contemplatif et le philosophe.

Au XVIe siècle, Joachim Du Bellay s'écriait, dans un sonnet sur Rome : « Conte-moi, si tu veux, des nouvelles du pape et du bruit de la ville. » Aujourd'hui, il y faudrait un livre. Même en ces temps reculés, où il n'y avait ni télévision ni téléobjectif pour cadrer impitoyablement en gros plan les souffrances d'un souverain pontife, scruter le sourire ou commenter les lenteurs de la démarche pesante de l'évêque de Rome, la santé du pape était déjà l'objet d'un vif et permanent intérêt. Quatre siècles plus tard, la capitale italienne n'a guère changé. À l'ombre du Borgo Pio, le quartier du Vatican, aussi bien parmi les très distingués membres du Sacré Collège que dans les taxis romains ou dans le populaire quartier de Trastevere, chaque geste du successeur de Pierre reste encore un thème de préoccupation constante, au même titre que le foot. À L'Eau vive, le restaurant de la via Montarone tenu par des religieuses et baptisé, entre Romains, le « Repos de l'évêque », fréquenté par le haut personnel du Vatican et les touristes pieux, les lobbyistes pontificaux commentent avec une nonchalante hypocrisie les derniers faux pas du souverain pontife, qui a fêté ses quatre-vingts ans le 18 mai 2000. Il faut avouer que l'atmosphère feutrée de ce restaurant singulier orné de voûtes et de fresques Renaissance, tenu par les travailleuses missionnaires de l'Immaculée Conception qui se mettent à chanter l'Ave Maria en vous apportant des spaghettis, est propice aux confidences. La santé du Saint-Père, surtout lorsqu'elle est chancelante, y est l'objet de toutes les conversations et inévitables spéculations sur sa démission ou sa succession. Entre eux, les convives appellent ces potins les « Saintes Manœuvres ». Ce que constatait déjà Stendhal en 1829 qui, dans ses *Promenades dans Rome*, écrivait : « La mort du pape et la nomination de son successeur sont devenues un divertissement pour les Romains, une chose qui les captive, c'est clair ! » Alors un siècle et demi après, lorsqu'il s'agit de Karol Wojtyla, l'homme le plus médiatisé de la planète, deux cent soixante-quatrième successeur de Pierre qui a imposé un style diamétralement opposé à celui de ses prédécesseurs italiens, de ce pape qui, dans le domaine de la santé comme dans tant d'autres, a toujours étonné, en nageant à contre-courant et en brisant la loi du silence ! Lui qui si longtemps a subi la censure n'en veut aucune. Il tient à parler autrement et à rompre le discours officiel convenu de sa fonction, en levant dès les premiers temps de son pontificat le voile pudique sur sa santé et plus encore depuis l'attentat dont il a été victime et qui a rappelé au monde qu'il n'était pas seulement une figure mythique mais un être vulnérable, de chair et de sang. Sujet naguère tabou, aussi secret que sacré.

Voûté, le visage crispé par la douleur, la voix faible et parfois indistincte, il se soucie peu de donner l'image d'un homme épuisé luttant pied à pied contre l'âge et la maladie. Sur la pelouse de Longchamp, à Cuba ou à Nazareth, peu lui importe de paraître ses quatre-vingts ans et même plus. Il se montre au peuple de Dieu tel qu'il est physiquement, et aussi psychologiquement, avec cette foi inébranlable quasi foudroyante, pétrie d'affectivité et parfois de sévérité quand il condamne les atteintes à la morale chrétienne. En juin 1999, lors de sa dernière visite en Pologne, il fit une chute à la nonciature et dut subir trois points de suture. Il n'hésita pas à se laisser photographier pendant tout son séjour avec un disgracieux sparadrap sur la tempe. Après avoir été élu pape à cinquante-huit ans, celui que, aux quatre coins de la Terre, tous les commentateurs de la presse écrite et audiovisuelle, même les plus acerbes, qualifiaient avec enthousiasme en 1978 d'« athlète de Dieu », de « *Wojtyla Superstar* », et d'« homme de l'année » (*Time Magazine*) a opté pour la transparence. D'ailleurs, le voir ainsi, agrippé à sa crosse pastorale en argent ou donnant parfois l'impression de s'assoupir pendant certaines cérémonies, n'a pas pour effet d'entamer sa popularité. On l'aime et on l'admire toujours autant même s'il n'a plus son regard d'aigle et cette belle

« gueule » slave. De toute manière, à Rome, qu'il soit jeune ou âgé, en forme ou fatigué, le pape, c'est le pape !

Parfaitement indifférent à l'effet peu flatteur qu'il risquait de produire, Jean-Paul II n'a pas hésité, lorsqu'il a eu vraiment trop mal à la jambe droite — conséquence d'une fracture du col du fémur dont la prothèse le gêne beaucoup —, à utiliser un disgracieux chariot mobile pour traverser la basilique Saint-Pierre. Cette petite estrade à roulettes avec trois marches disposant de deux rampes d'appui d'un épais velours beige et poussée par de dignes employés du palais apostolique lui permet depuis un an d'être vu par l'ensemble des pèlerins tout en lui facilitant les mouvements à l'intérieur de l'édifice religieux. Il est allé encore plus loin puisque, en fin observateur politique venu de l'Est et sans doute indigné par l'hypocrisie et les intrigues de bon nombre de dirigeants politiques et de chefs de gouvernement parfois agonisants mais aux bulletins de santé aussi sibyllins qu'optimistes, il a délibérément choisi le langage de la vérité et non celui du discours aseptisé et des pompeux communiqués officiels. Une approche de la vie privée qui tranche avec celle de ses timides prédécesseurs. Pie XII s'était naguère prudemment fait aménager une salle d'opération au Vatican ; Jean XXIII, lui, avait, malgré son inquiétante mine, tenté le plus longtemps possible de dissimuler son cancer de l'estomac ; Paul VI s'était fait opérer de la prostate dans la plus grande discrétion et la plus grande opacité derrière les épais murs du

Saint-Siège ; quant à Jean-Paul Ier, pape depuis trente-trois jours, il est mort avant même d'avoir pu songer à sa santé. Mais le décès de l'éphémère deux cent soixante-troisième successeur de saint Pierre, homme secrètement usé, avait laissé planer des rumeurs sinistres et suscité les pires hypothèses. Son successeur a immédiatement voulu instaurer par réaction une cohabitation de chaque instant avec les fidèles au sujet de sa santé. Ce qui n'a pas empêché que les rumeurs sur son état fournissent à la presse les épisodes d'un inépuisable roman où la fiction dépasse souvent la réalité.

Jean-Paul II mesure combien la présence physique du pape est symboliquement essentielle pour l'Église catholique, parce que, contrairement à d'autres religions, il représente dans la dimension de sa chair l'universalité de l'Église. « *Ubi Papa ibi Roma* *. » Il est également conscient du fait que, vu sa nationalité et son passé, ayant exercé son ministère à l'Est, chacun de ses gestes est, beaucoup plus encore que ceux de ses prédécesseurs, analysé, interprété, voire abondamment et sévèrement commenté autant à l'intérieur qu'à l'extérieur du Vatican. C'est pourquoi Karol Wojtyla, qui est méfiant de caractère, a souhaité, à Rome, dès les tout débuts de son pontificat, mettre son existence en pleine lumière et, comme pasteur de l'Église universelle, instaurer un dialogue permanent avec ses fidèles, les rencontrer sur les routes du cœur. Cela lui permet aussi de

* « Rome est là où est le Pape. »

confier ses interventions chirurgicales et ses maux aux prières du milliard de catholiques de la planète. Quatre jours après l'attentat de la place Saint-Pierre, il avait adressé au peuple de Dieu ce message de l'hôpital : « Je sais que vous êtes avec moi. J'offre mes souffrances pour l'Église et pour le monde. » — élément puissant qui crée un contact constant presque sensuel avec le public et ceux qui l'ont accueilli sur toutes les routes du monde, ces croyants éloignés qui désormais le considèrent comme si proche d'eux.

Les Polonais, qui vivent dans un pays de chrétienté où la foi et sa pratique sont innées, n'ont jamais cessé, depuis vingt-deux ans, d'allumer des cierges et de dire des chapelets à genoux pour leur pape. Les Italiens, autant que les pèlerins de passage, continuent à déposer des lettres de prompt rétablissement, des fleurs et des douceurs à la polyclinique Gemelli de Rome à chacune des interventions subies par le pape. Ils vont prier et chanter sous ses fenêtres. Le président du Syndicat des truffes lui offre d'énormes truffes blanches, les plus chères au monde. La communauté des Italiens de Genève lui a offert un lit médicalisé à « modulation cinétique ». Pas un taxi ni même un Romain n'ignore l'adresse de la désormais célèbre polyclinique.

C'est toujours à bord de son immense Mercedes noire frappée sur les deux portes latérales de ses armoiries pontificales et non en ambulance que Jean-Paul II va à Gemelli. Une initiative qui dénote non seulement sa volonté de rassurer le monde chrétien mais, même à ces moments-là, de ne pas faire mystère de son état de santé... Là où tant de papes ont multiplié les ruses pour que leur passage à l'hôpital se fasse dans la plus grande discrétion, Karol Wojtyla a toujours préféré la clarté, au point que, quelques semaines après l'attentat de 1981, Radio Vatican mettait en vente la cassette du film de l'événement. Il a compris que, malgré les réticences du subtil directeur du Bureau de presse, il reste au travers de sa propre personne le meilleur pour aborder l'épineux sujet de son état de santé et pour juger jusqu'où il veut dévoiler son intimité. J'ai été surprise, au début de mes reportages au Vatican, de constater avec quel souci des détails, croquis à l'appui, chacune de ses interventions nous était relatée au Bureau de presse par un bulletin de santé collégialement signé des divers professeurs, nous précisant minutieusement, selon les cas, le rétablissement de la fonction normale de ses intestins, le nombre de ses points de suture, ce qu'il avait pu avaler ou la cadence de ses injections intraveineuses, ses rythmes respiratoire et cardiaque... Avec plus de discrétion toutefois que l'épouse de Tony Blair dont on a eu, pendant une quatrième grossesse tardive, l'impression d'avoir assisté en direct à chacune des échographies puis à l'accouchement vécu dans la salle d'attente de la maternité. J'ai bien vite compris que de montrer la photo du pape, même les traits encore tirés, avec des bandages enserrant ses bras et ses mains laissant entrevoir les cathéters, en pyjama blanc sur son lit d'hôpital à barreaux et non dans une confortable clinique privée, a plus d'impact que tous les communiqués médicaux et était de loin le plus éloquant des bulletins de santé. De même lorsqu'il apparaissait à sa fenêtre de l'hôpital, devant des milliers de croyants agenouillés en prière.

Cette technique limpide qui résonne de signes d'espérance, dépourvue de sophistication, est pour l'opinion publique plus forte que toutes les fausses confidences d'un service de presse inévitablement méfiant et sous tension. Le pape en a la profonde conviction. D'ailleurs, dans de pareilles circonstances, sourd à toutes les rumeurs, cet ambassadeur de la foi aime parfois, avec un humour décapant, désarmer quelques prévenants cardinaux qui s'enquièrent avec un peu trop d'empressement de l'évolution de son syndrome de Parkinson. « Ne vous inquiétez pas, leur précise-t-il en les regardant droit dans les yeux, je mourrai guéri. » Ses tremblements pèsent lourd car ils sont non seulement suivis en direct par tous les médias de la Terre mais aussi méticuleusement analysés par d'innombrables chancelleries.

Dans ce domaine, il y eut par le passé bien des faux bruits. Par exemple, lorsque, le 19 août 1914, le populaire *Giornale d'Italia*, quotidien alors très suivi, a publié à la une un article sur Pie X, relatant que ce dernier, grimaçant de douleur, avait été incapable de se lever à la fin d'une réunion, le lendemain, un éditorial dans *L'Osservatore Romano* démentait vigoureusement la nouvelle en écrivant qu'en réalité il ne s'agissait que d'un mauvais rhume. Vingt-quatre heures plus tard, le souverain pontife rendait son dernier soupir. Cette image désuète, voire compassée, d'un Vatican secret et opaque est justement celle que Jean-Paul II s'est attaché à combattre dès les débuts de son pontificat. Dans mon enfance on m'apprenait à ne jamais évoquer en public les sujets d'argent, de politique ou de santé. Jean-Paul II, s'il a rarement abordé publiquement les questions financières qui, comme le confirme son ami le cardinal Deskur, ne l'intéressent pas plus que les questions matérielles autour de sa fonction, a sans états d'âme et de façon très concrète parlé de sa santé avec la même franchise qu'en famille on évoque celle de l'un de ses membres.

Aujourd'hui, dans cette turbulente atmosphère de fin de règne, avec un machiavélique savoir-faire dont il est parfaitement conscient, les multiples candidats à sa succession se livrent en coulisse aux grandes manœuvres, donnant même sans problème des interviews aux chaînes de télévision à ne publier qu'après sa mort, et où ils parlent déjà de Jean-Paul II au passé. Ce sont, dans notre jargon de journalistes, ce qu'on appelle sans ménagement des « viandes froides ». Jean-Paul II l'ignore superbement et cela exalte son inexorable goût du défi. Plus que jamais sa nature provocatrice dicte à cet homme mystique qui a toujours fait de la résistance de continuer d'accomplir sa mission. Après tout, en vingt-deux ans, il a annulé seulement trois voyages pour des raisons de santé. Et pourquoi donc, tant qu'il en a la force physique et les facultés mentales et intellectuelles nécessaires, ce pape si courageux, qui a visité cent vingt-trois pays dont douze ces trois dernières années, devrait-il se résoudre à ne plus sortir de la Ville éternelle ? D'ailleurs, le corps médical a en quelque sorte été obligé d'ajuster sa thérapie à sa nature et non le contraire.

C'est avec de réelles difficultés que monseigneur Dziwisz, qui l'aime autant qu'il le protège, lui a d'autorité supprimé totalement les bains de foule, un vrai sacrifice ! Il l'a obligé à limiter et à raccourcir ses voyages et ses audiences et naturellement ses discours quotidiens sur lesquels il n'improvise plus. Encore que l'épuisant marathon en Terre sainte ait quand même duré une petite semaine.

Certes, son visage laisse percer une fatigue très nette, ses pommettes hautes se figent et son regard devient de plus en plus fixe, voire parfois inexpressif, et il fait de pénibles efforts en marchant, ayant tendance à tomber en avant à cause, dit-on, de sa prothèse mal implantée. Le spectacle est douloureux et l'on souffre pour lui dès qu'on le voit mais rien ne l'arrête. Il est évident que les lourdes séquelles de l'attentat où il perdit quelque trois litres de sang et celles de ses sept anesthésies générales, même bien supportées, ne peuvent qu'angoisser chaque jour ses médecins. Mais Jean-Paul II est aussi imperméable à la douleur qu'aux critiques sur sa personne, voire aux rumeurs sur l'évolution de son syndrome de Parkinson qui s'accompagnent bien souvent de propos de salle de garde. De toute manière, le seul mal qu'on n'évoque jamais, car il est insondable, est ce mal du pays qui l'envahit parfois. Comme tout homme, fût-il pape, qui a quitté sa terre natale.

Afin qu'il n'y ait pas de faux bruits sur son suivi médical en mai 1981, le Saint-Père a tenu à ce que soit immédiatement révélé qu'il avait demandé, en plus des médecins italiens, un avis collégial à plusieurs sommités étrangères des voies digestives et de la chirurgie viscérale. À de grands patrons comme le professeur Welch, de Harvard Medical School, ainsi qu'à un autre Américain, à un Allemand, à un Espagnol, à un Polonais, naturellement, et à un Français, Jean Loygue, professeur de chirurgie viscérale à l'hôpital Saint-Antoine de Paris, qui avait naguère opéré la mère de notre actuel président de la République. Chacun de ses séjours à l'hôpital a toujours été l'objet des commentaires les plus alarmants, voire de fausses nouvelles. Dès 1980, juste avant sa visite en France, on avait même annoncé dans un journal italien qu'il était victime d'une leucémie.

En décembre 1993, lors de la Journée mondiale contre le sida, pendant l'une des émissions les plus populaires d'Italie sur Canale 5, un présentateur déclare froidement que le pape a contracté suite à son attentat le « cytomégalovirus, une maladie, commente-t-il perfidement, proche du sida dans ses modalités de transmission ». Singulière nouvelle mais qui n'a rien de mystérieux. Le pape avait bien été victime après son attentat d'un cytomégalovirus qui avait provoqué des accès de fièvre. D'abord, cet amalgame avec le sida était de la plus pure fantaisie, ensuite, cette contamination n'a jamais été un secret ni même un scoop puisqu'il en est guéri depuis fort longtemps. Il est probable que ce virus était présent dans le sang d'un des nombreux donneurs qui s'étaient présentés à l'appel des médecins. Le Saint-Père avait en effet perdu trois litres et demi de sang.

Quelques mois plus tard, en septembre 1994, plusieurs cardinaux de la curie sont réveillés par le téléphone en pleine nuit. Des voix éplorées leur annoncent que Jean-Paul II vient de mourir. L'ambassadeur de France, Jean-Louis Lucet, prévient le Quai d'Orsay. Tout le Vatican est en émoi. Le lendemain matin, peu après l'aube, la sacristie de la basilique Saint-Pierre reçoit l'ordre de faire célébrer des messes de requiem toute la journée. Avant de découvrir qu'il s'agit d'un canular de fort mauvais goût. Sans compter, bien sûr, les innombrables rumeurs de cancer à chacune de ses interventions chirurgicales. Mais, retour obligé aux faits, rappelons quand même les circonstances de toutes ces hospitalisations. Le 13 mai 1981, au début de l'audience générale de 17 heures, Jean-Paul II fait pour la deuxième fois en 4×4 tout-terrain le tour de la place Saint-Pierre. Le Turc Mehmet Ali Agça, vingt-trois ans, tire alors sur lui, le blessant grièvement de deux balles à l'abdomen, au coude droit et à l'index de la main gauche, ce qui lui sectionne les ligaments de la main. Course folle à travers les ruelles de Rome vers l'hôpital Gemelli. L'intervention chirurgicale commence dès 18 heures et durera cinq heures. « J'ai vu du sang partout », expliquera plus tard le professeur Crucetti, qui, visitant ses malades en ville et entendant la nouvelle à la radio de sa voiture, avait spontanément bondi à l'hôpital pour l'opérer.

Le pape sera réopéré des suites de l'intervention le

5 août 1981. Ensuite, en 1982, d'une tumeur au côlon. Dix ans plus tard, le 15 juillet 1992, il subit une intervention à cause d'un polype intestinal de la taille d'une petite orange qui, d'après les examens histologiques, n'était pas une tumeur maligne. Puis, le 11 novembre 1993, il se fait opérer d'une fracture de l'épaule droite. Ce jour-là, à la fin de l'audience qu'il venait d'accorder aux dirigeants de la FAO, il avait fait un faux pas, s'étant pris le pied dans sa robe blanche, et était tombé sur le sol de marbre. Il était resté quelques instants inanimé. Lorsqu'il est revenu à lui, il a voulu, bien qu'il souffrît terriblement, se relever seul et a persisté à serrer des mains. Ce genre de courage physique est très impressionnant. Quand on m'a raconté ce trait de stoïcisme, j'ai pensé à cette soirée où j'avais, en mars 1983, accompagné Valéry Giscard d'Estaing dans une descente à ski aux flambeaux, et où l'ex-président, qui, en tombant, s'était cassé le pied, avait décidé de continuer jusqu'en bas. À l'arrivée, il fallut le plâtrer.

Le 24 avril 1994, nouvelle opération du Saint-Père. En glissant sous la douche dans la salle de bains, il se casse le col du fémur et on lui pose une prothèse trop courte qui aujourd'hui encore le fait boiter (il a refusé toute rééducation). Enfin, le 10 août 1996, il subira une appendicectomie ; soit un lourd bilan opératoire, des occasions de stress innombrables et de fatigue intense même s'il a toujours été soigné dans le même hôpital. Dans sa chambre, il n'y a qu'un lit, un fauteuil, une table de travail, un canapé et deux chaises de skaï avec sur le mur une simple croix et une reproduction de la

Vierge polonaise de Czestochowa. Sur la table de nuit, la radio ; dans la pièce à côté a été dressé un autel afin qu'il puisse dire la messe dès qu'il en a la force ; une autre chambre mitoyenne a été installée en chambre de secours, toujours pour permettre à son secrétaire particulier de s'y tenir. Comme Jean-Paul II l'a dit, se rendant un jour à l'hôpital : « Je commence à connaître Gemelli. » Désormais, c'est sans doute à l'hôpital Saint-Charles-de-Nancy qu'il sera transporté en cas d'urgence. Au Vatican, dans ses appartements pontificaux, le Saint-Père a tout près de lui à chaque instant un médecin, car sœur Tobiana, la religieuse des Servantes du Sacré-Cœur de Jésus, si elle passe pour son infirmière, est avant tout médecin. Mais, comme elle a étudié en Pologne, elle ne peut exercer à Rome avec son diplôme d'origine car son titre universitaire n'est pas reconnu en Italie. Ainsi, elle se dit donc officiellement infirmière et non médecin. C'est plus simple. Un exemple parmi d'autres qui illustre aisément les rapports toujours tendus entre Italiens et Polonais du Saint-Siège.

Même s'il accepte ses handicaps, le deux cent soixante-quatrième successeur de saint Pierre songerait-il à démissionner s'il allait très mal ? À la veille de ses soixante-dix-neuf ans, il déclarait : « Je renouvelle devant le Christ l'offrande de ma disponibilité à servir l'Église tant qu'il voudra en m'abandonnant à sa sainte volonté. Je lui laisse la décision du comment et du quand il voudra me décharger de ce service. » À quatre-vingts ans passés, plusieurs projets tiennent à cœur à Jean-Paul II, lequel, contrairement à ce que racontent régulièrement certains vaticanistes à l'imagination débordante, n'est pas près de se retirer en Pologne sur les cimes silencieuses d'un monastère. Ce que ne croient guère, d'ailleurs, les grands responsables politiques mondiaux. Cet homme venu de derrière le rideau de fer reste encore à leurs yeux un protagoniste de taille dans l'échiquier politique planétaire, à en juger par les nombreux télégrammes de vœux qu'il a reçus le jour de son quatre-vingtième anniversaire. Témoignage de sympathie du président de la République italienne Carlo Azeglio Ciampi, certes, mais aussi de Yasser Arafat, de Bill Clinton, de Gerhard Schröder, du roi du Maroc Mohammed VI, de Mikhaïl Gorbatchev, d'Ehud Barak, de José Maria Aznar, d'Abdelaziz Bouteflika, du grand rabbin de Jérusalem, du patriarche de Moscou et de quelques autres. Aucun grand leader politique ne l'a oublié. Bon nombre lui ont envoyé des cadeaux, tout comme l'on fait d'innombrables fidèles de condition modeste. On peut aussi, par le site Internet « www.Vatican.va », faire parvenir des dons qui seront gérés au profit de toutes sortes d'œuvres par le conseil caritatif du pape, Cor Unum. Sur ce site dirigé par la sœur américaine Judith Zoebelein, surnommée au Vatican « sœur Internet », on peut obtenir toutes sortes de renseignements pratiques sur le Vatican.

En regardant la photo de Jean-Paul II que m'avait remise monseigneur Dziwisz à la fin de notre entretien, je ne peux m'empêcher de penser que si l'un des plus grands acteurs de l'histoire de ce siècle a inévitablement beaucoup changé, il a quand même été le compagnon de route de plusieurs générations de grands personnages dont il reste, avec Fidel Castro, l'un des seuls survivants.

7

Une boîte de sardines dans un palais de marbre

Les vacances pour le Saint-Père, c'est important. Presque sacré. Je devais m'en apercevoir à mes dépens le mercredi 14 août 1996. J'avais réussi à obtenir une audience de Jean-Paul II dans sa résidence d'été de Castel Gandolfo où il était en vacances, juste avant sa visite en France. J'espérais le convaincre de m'accorder un entretien, afin que mon journal puisse le publier en avant-première, la date de son arrivée tombant miraculeusement le jour de la vente en kiosque. À peine m'étais-je prosternée respectueusement devant lui et avais-je embrassé l'anneau pontifical qu'il me lança : « En somme, vous voulez profiter de la venue du pape dans votre beau pays pour faire un reportage sur lui. Mais en vacances le pape est silencieux et les Français auront largement l'occasion de le voir le mois prochain. Il vous suffit d'attendre. » Contrôlant mal ma déception, n'ayant pas imaginé une seconde que le Saint-Père m'aurait fait cette réponse puisqu'on m'avait accordé cette audience, je me pinçai les lèvres. Alors, avec son inimitable savoir-faire et son habituelle courtoisie, comme pour me consoler, monseigneur Dziwisz me tapota la main sous le regard amusé du pape, imperturbable, et me dit, en baissant la voix, sur le ton de la confidence : « Le temps n'a pas la même signification ici. Je sais bien qu'à votre rédaction vous raisonnez en termes de jours mais j'ai confiance, vous saurez leur expliquer qu'il y a deux mille ans que nous fonctionnons ainsi ! »

Je compris alors que ses vacances représentaient pour le Saint-Père une sorte de devoir. Il lui fallait reprendre des forces pour pouvoir continuer son ministère et poursuivre ses voyages à travers le monde. Certes, il croit que la Vierge le protège depuis l'attentat de 1981. Mais il sait aussi qu'il ne peut aller trop loin. Sa foi dans la Vierge ne va pas jusqu'à espérer qu'elle fasse en sa faveur de perpétuels miracles.

Comme me l'a expliqué l'un de ses familiers, Jean-Paul II ne veut pas « tenter Dieu ». Il sait que son vieux corps a besoin de ménagements et que, tout chef de l'Église qu'il soit, il ne peut compter sur un privilège divin. C'est pourquoi il exige d'avoir de vraies vacances et qu'on les respecte. Il accepte tous les maux de sa santé chancellante mais il considère que ce serait trahir sa fonction que de ne pas en tenir compte et de ne pas vivre raisonnablement.

La montagne a toutes les faveurs du Saint-Père. C'est là depuis toujours qu'il se ressource le mieux, en général, au mois de juillet.

« *Viva il papa ! Viva il papa !* » scande la foule enthousiaste. Il est midi et il fait chaud, à Lorenzago di

Cadore. Des centaines de gens, des enfants habillés pour l'occasion de jaune et blanc, des scouts, des personnes âgées, des familles entières massées sur la place du village se bousculent pour approcher, toucher, applaudir encercler Jean-Paul II. L'« homme en blanc » qu'ils voient tout au long de l'année à la télévision et dans les journaux dans le décor grandiose du Vatican, entouré de chefs d'État, de hautes personnalités ou d'importants prélats, se trouve soudain face à eux. Les villageois et les amoureux de la montagne, qui ont choisi de ne pas s'agglutiner sous des parasols sur les plages italiennes de l'Adriatique et de la Ligurie, sont cette fois vraiment récompensés car ce n'est pas tous les jours que l'on croise pendant sa promenade le souverain pontife en vacances. Pour l'honorer, le troupeau de fidèles agite spontanément au vent mouchoirs, foulards, petits drapeaux de fortune et lui tend les bras. Il embrasse les enfants, fait des signes de croix sur le front des femmes, prend la main des autres...

Dans ce village des Dolomites, entre Venise et la frontière autrichienne, le souverain pontife, qui aime les grands espaces, va pour la sixième fois passer en juillet 1999 une quinzaine de jours de repos loin des palais romains. Et peu importe aux amoureux de ce site enchanteur et aux vacanciers la rigoureuse orthodoxie, si controversée, de l'évêque de Rome et ses sermons moralisateurs. Ce qu'ils veulent, c'est réchauffer son cœur. Il a les joues plus colorées que d'habitude, sa main gauche tremble, il est voûté, il marche à petits pas incertains, s'appuyant sur une canne de bambou, mais il est là avec ses grosses chaussures, du même genre que celles qu'il portait dans les Carpates. Il a quitté la Ville éternelle pour aller, tel un simple vacancier, remplir ses vieux poumons de l'air pur des alpages. À mille mètres d'altitude. Il ne manque ici que les edelweiss et les chants de Heidi et de la famille von Trapp, en culottes de cuir à la tyrolienne, chapeaux bariolés à plumes d'oiseaux, vestes gris et vert à boutons d'argent. Les vacanciers qui rêvent tous de lui serrer la main ou de croiser son regard s'agitent. Comme ils lisent dans les journaux que le pape reçoit à longueur d'année des hommages des puissants de ce monde, ils lui apportent des cadeaux à leur mesure : des bouquets de fleurs, des pains, du miel, de la *bressaola* (viande séchée), des paniers de mûres, du fromage de chèvre, de la grappa, cette eau-de-vie très forte... Même s'ils voient bien que le sourire naguère lumineux de leur pape est à certains moments crispé par la souffrance, il règne une atmosphère de bonheur alpestre. Et le symbole du berger avec son bâton de pèlerin prend ici toute sa force. Le pape est très détendu et n'a pratiquement pas d'accent, ce matin, lorsqu'il explique en italien que « les montagnes forgent le caractère par une ascèse courageuse et apportent la sérénité à l'esprit grâce au contact avec la nature ». Karol Wojtyla se souvient sans doute de la chanson polonaise du montagnard qui a abandonné ses collines pour aller gagner sa vie en ville et qui proclame sa nostalgie ! Même s'il n'a plus la voix de baryton des débuts de son règne, le ton est chaleureux. Et il est si réceptif à cette atmosphère très gaie qu'il vient dans un généreux élan d'appeler « général » le préfet responsable de la police italienne qui s'est rendu en personne à Lorenzago pour lui présenter ses respects. Ce haut fonctionnaire en uniforme bleu très flatteur a la lourde responsabilité, en étroite relation avec la police du Vatican, d'assurer depuis des années la sécurité rapprochée du Saint-Père.

En fait, la République italienne a pour Jean-Paul II toutes les complaisances puisque, par une sorte d'arrangement avec le ciel, elle le fait protéger en vacances par des fonctionnaires italiens. Cela serait impensable chez nous. Imaginez l'agitation que cela provoquerait si le président Chirac ou le ministre de l'Intérieur en même temps ministre des Cultes, offraient au cardinal Lustiger de le transporter gracieusement pendant ses vacances d'un point à un autre dans un avion du Groupe de liaisons aériennes ministérielles et le faisait protéger pendant l'été par la sécurité publique. Mais les Italiens aiment ce saint homme pour lequel rien n'est trop beau. N'est-il pas leur figure emblématique bien au-delà des quarante-quatre hectares du Vatican ? Chaque jour, dans les quotidiens italiens, même ceux de gauche, il y a une rubrique concernant le pape, et tous les grands hebdomadaires ont un chroniqueur papal. Chaque dimanche, à midi, la bénédiction pontificale est retransmise en direct par la R.A.I. (la chaîne publique). Le souverain pontife se trouve donc, outre les gardes suisses, protégé par des forces étrangères, ces majestueux Suisses n'étant d'ailleurs pas considérés comme étrangers puisqu'ils sont pendant leur engagement des citoyens provisoires du Saint-Siège. En revanche, les agents de police sont italiens bien que, en vertu des accords de Latran entre l'Italie et le Vatican, ils ne devraient intervenir que pour le contrôle de la place Saint-Pierre, ouverte au public. De même le gouvernement met-il courtoisement, à l'occasion de ses vacances, un avion à la disposition du pape pour ses déplacements à l'intérieur de la Botte. Le président de la République lui prête son hélicoptère pour qu'il se rende de Castel Gandolfo à Rome et retour pour l'audience générale du mercredi. C'est ainsi, et personne ne songerait à protester.

Jean-Paul II a, dans cette même euphorie matinale, appelé aussi *commendatore* son imposant chef de la *vigilanza* Camillo Cibin, soixante-quatorze ans, qui court depuis plus de vingt-deux ans aux côtés de sa voiture et lui a toujours tracé la voie dans les situations les plus dangereuses ! Enfin, il a nommé officiellement *monsignore* Don Adelardo da Prà, le curé de Lorenzago di Cadore. Distinction accompagnée cette fois d'une lettre portant la signature apostolique et frappée du prestigieux sceau du Saint-Siège. Digne récompense pour Adelardo da Prà, qui, avec de petits moyens, fait resplendir l'église paroissiale à chacune de ses venues et a même réussi à dessiner, non sans mal, les armes de Jean-Paul II sur le campanile. Avec ses faux airs de don Camillo, don Adelardo da Prà est un vrai curé de montagne et Karol Wojtyla aime ce très vieux prêtre de dix ans son aîné, qui porte à bout de bras depuis un demi-siècle cette paroisse pittoresque. Il lui rappelle avec nostalgie les courageux hommes d'Église polonais d'autrefois qui s'épuisaient à la tâche jusqu'au dernier soupir.

D'ailleurs, avant de l'élever au rang de *monsignore*, le pape, l'invitant à prendre une tasse de café, lui a dit, enthousiaste : « Je cherche encore et toujours un prédicateur qui prêche l'Évangile avec la même conviction que vous. » Le bon curé est si ému qu'il se met à verser des larmes devant Jean-Paul II et, en bon Italien, fait de grands gestes des mains pour se donner une contenance. N'est-ce pas pour cet homme simple de quatre-vingt-dix ans, qui a consacré sa longue existence au Seigneur, le plus beau jour de sa vie ? Et le représentant de Dieu sur Terre vient honorer son patelin (quelques centaines d'âmes hors saison, quelques milliers pendant les mois de ski et en été). Il est tellement bouleversé qu'il en a déjà égaré sa robe noire de *monsignore* à liserés et boutons mauves que lui a remise monseigneur Stanislaw Dziwisz.

Son bâton dans la main gauche, son rosaire dans la main droite, Jean-Paul II semble heureux. Le massif des Dolomites lui fait songer aux montagnes de sa Pologne natale. D'un été sur l'autre, le programme est le même. Mais, depuis qu'il s'est brisé le col du fémur, il doit remplacer ses grandes courses en montagne par des randonnées en véhicule tout-terrain banalisé. Le pape, qui passe sa vie à escalader l'éternité, fait cependant à pied de temps à autre quelques pas sur des sentiers forestiers pour se prouver qu'il peut encore y arriver — des mètres qui lui paraissent des kilomètres. Quelle n'a pas été, un matin, la surprise d'un montagnard retraité en train de nettoyer des cèpes sur le seuil de son chalet d'alpage de voir tout à coup tout près de lui un visage si connu, vêtu non d'une soutane blanche mais d'un pantalon gris, d'un chandail et d'un anorak gris. Il hésita un instant avant de bondir de sa petite chaise de bois.

« Mais vous êtes le pape !

— Eh bien, oui, je suis le pape. Désolé, je sais que je cause de l'agitation partout où je passe, répond Jean-Paul II au montagnard ahuri.

« Je serais très honoré que vous acceptiez mes cèpes et un verre d'orangeade, propose l'homme. Vous savez, c'est dommage, ma femme est descendue dans la vallée afin de s'assurer une place à la messe que vous célébrez dimanche pour les gardes forestiers et voici que pendant ce temps vous montez jusqu'à moi. »

En guise de consolation, le pape sort de la poche de son pantalon un chapelet de nacre pour l'épouse du montagnard, un de ces chapelets qui sont frappés, au revers de la médaille de la Vierge, de ses armes pontificales. Puis il bénit le robuste paysan et s'éloigne en souriant, toujours accompagné de son fidèle Dziwisz et de deux membres discrets de la sécurité rapprochée. Après avoir célébré la messe du matin au chalet, le Saint-Père, son secrétaire particulier, son camérier, accompagnés parfois d'un hôte de passage, montent chaque jour dans la Land Rover pour aller se promener et pique-niquer au bord d'un ruisseau ou sous des arbres. Les pins, les mélèzes, les sapins font une ombre salutaire au chef spirituel de l'Église catholique pendant son repos champêtre. Déjeuner qui n'a rien de la mise en scène sophistiquée des pique-niques à l'anglaise où l'on dispose sur un gazon impeccablement tondu une nappe amidonnée sur laquelle des couverts en argent et une porcelaine Royal Crown servent de présentoirs à toutes sortes de petits sandwiches de pain de mie au saumon et autres raffinés délices fumés... Pour Jean-Paul II, comme il le dit, « la liberté, c'est plutôt une boîte de sardines à l'huile, des œufs durs, du fromage consommés à l'aide d'un couteau de camping, le tout arrosé d'un petit vin blanc local coupé d'eau des montagnes ». Il est habitué à ces grosses sardines importées de Russie que l'on trouve dans tous les anciens pays communistes. Il en mange même au Vatican, dans son palais de marbre. En somme, la volupté de vraies vacances sans cérémonial avec une très discrète patrouille d'agents de la sécurité en lisière du lieu qu'il a choisi pour sa journée.

C'est la vie de chalet dans la charmante maison de bois et de chaux aux murs blancs, avec ses géraniums rouges aux fenêtres, façon carte postale, qu'occupe le pape. Le chalet se trouve au milieu du parc Mirabello qui est bordé, sécurité oblige, d'arbres épais et de hautes haies. C'est un terrain boisé privé, à l'écart du village. Après avoir gravi six marches, on trouve sur la gauche la cuisine, à droite la salle de séjour. L'une des pièces du premier, le seul étage, est la chambre à coucher du Saint-Père, l'autre lui servant de salon-bureau. Cette chambre est d'une extrême simplicité. Elle est à l'image de celle qu'occupait Karol Wojtyla quand il était archevêque de Cracovie, qui ne comprenait qu'un petit lit de bois sombre, quelques tableaux religieux, une photo de montagne, une table de nuit et une lampe avec abat-jour de paille. Le Saint-Père a toujours eu le culte du dépouillement. La salle à manger du chalet est munie d'un poste de télévision qu'il allume de temps à autre. Une autre pièce a été transformée en chapelle. Non loin, une salle de bains avec douche qu'on a équipée de solides poignées et d'antidérapants depuis ses nombreux accidents. Ce petit domaine sans prétention, en bordure d'une forêt aux parfums de sève, appartient à l'évêché de Belluno. Ici, sœur Tobiana, qui ne quitte jamais le Saint-Père, se fait assister de trois religieuses d'une communauté locale. Elles vaquent à toutes les tâches ménagères et lui préparent une cuisine simple et du pays : potages, gnocchis, pâtes courtes, champignons, ragoût de chevreuil, porc, fromages de montagne assez forts, yaourts, fraises des bois, framboises, tartes aux mûres ou aux myrtilles.

Les Italiens sont si flattés de recevoir ce pieux vacancier qu'il est obligé, afin de ne vexer personne, d'alterner ses vacances d'une année sur l'autre entre les Alpes orientales et les Alpes occidentales. Ainsi passe-t-il des Dolomites au Val d'Aoste, à Combes, exactement à quinze kilomètres d'Aoste. C'est là qu'il est allé en juillet 2000 pour la huitième fois. Un hameau d'une cinquantaine de montagnards en hiver, plusieurs milliers en été (surtout depuis qu'il s'y rend), à mille quatre cents mètres d'altitude, à une dizaine de kilomètres de la frontière française. Là, le jour de notre fête nationale, il s'amuse à admirer les fusées et les bouquets du feu d'artifice tiré de la vallée savoyarde d'en face, même s'ils n'ont rien de commun avec les éblouissants feux d'artifice offerts en son honneur lors des veillées-spectacles comme celles des Journées mondiales de la jeunesse. Il occupe un chalet neuf qui a été construit par les pères salésiens de Turin pour une colonie de vacances qui fonctionne l'hiver. Il comporte un ascenseur, ce qui est important pour le Saint-Père. Ce chalet, mis à sa disposition les années précédentes, n'avait qu'un escalier raide qu'il gravissait avec peine. Les sœurs Tobiana et Germana y sont logées. La suite du pape est réduite au strict minimum, constituée des mêmes personnes que lorsqu'il va à Lorenzago, soit monseigneur Stanislaw Dziwisz, Angelo Gugel, le docteur Buzzonetti et parfois le directeur de la salle de presse, Joaquin Navarro-Valls. Ils sont installés à proximité, dans l'école d'été des bûcherons et des gardes forestiers (également louée par l'évêché local). Pour l'occasion, un ancien four en pierre a été remis en état de marche et le potager regorge de salades, pommes de terre, poireaux, betteraves rouges, fraises, cassis, groseilles... Le village est situé au pied de la roche de la Croix, en bordure du parc national du Grand Paradis.

Si les habitants du cru respectent le primat d'Italie et évitent d'aller l'importuner, la municipalité, plus terre à terre, a su habilement tirer quelques substantiels bénéfices de sa présence. Elle a fait aménager dans une salle municipale un petit musée qui présente les objets-souvenirs exotiques que le pape a offerts. Ils sont disposés parmi des photos et des monnaies du pontificat.

Le séjour du Saint-Père aux Combes est, comme à Lorenzago, strictement privé. Mais, afin de ne pas décevoir les pieux vacanciers, le pape récite une fois avec eux l'Angélus dominical. Cette année, pour assister à cet office, les fidèles ont afflué dès 7 h 30. À midi, heure de l'Angélus, ils étaient cinq mille venus dans mille trois cent cinquante voitures. Tous les prés avaient servi de parkings. Le Saint-Père s'était installé sur un podium de bois. Il fut accueilli par la chorale des enfants du Grand Paradis. Il prononça une petite allocution pour remercier les autorités locales et dit, en conclusion : « Les Combes sont un lieu serein où le physique reprend des forces et où l'esprit peut se consacrer à la réflexion et à la contemplation... Mais je pense particulièrement à ceux qui n'ont pas les moyens de prendre des vacances et sont restés chez eux. J'envoie ma bénédiction aux malades, aux personnes âgées, aux prisonniers et aux gens seuls... »

Il n'y aura pas d'autre contact public prévu avec la population, seulement des rencontres fortuites. Comme il le dit chaque année au début du mois de juillet de sa fenêtre de la place Saint-Pierre, « bon repos et bonnes vacances à tous ». Freiné par son entourage, le pape, fatigué, n'a cette année présidé aucune cérémonie religieuse à Combes. Auparavant, il allait régulièrement en voisin chez les sœurs carmélites de Quart prier à leurs côtés. Cette fois-ci, ce sont elles qui sont venues prier avec lui.

Lorsque le Saint-Père séjourne dans les Alpes, une organisation très efficace veille sur sa personne. Gardes forestiers, véhicules banalisés, policiers avec des chiens, agents du Vatican en civil inévitablement trahis par leurs talkies-walkies, ambulance pour un sauvetage d'urgence sont toujours à proximité, et avant tout un hélicoptère.

Ces séjours alpins, qu'il aime tant, car ils donnent à Jean-Paul II la sensation de ne plus être enfermé, lui permettent de se reposer des fatigues quotidiennes du reste de l'année. Le grand jubilé et les cent projets qui ont été programmés lui ont laissé, au Vatican, moins de temps que d'habitude pour méditer en paix. À Combes, cet été, il ne s'est pas promené comme dans le passé en grosse Mercedes ou en Range Rover mais s'est juste accordé de très courtes balades sur les sommets qu'il a atteints en hélicoptère. Il était accompagné de son ami le théologien Tadeusz Styczen, venu passer quelques jours avec lui.

Le pape célèbre la messe à 7 h 30, prie, lit son bréviaire, fait la sieste dans un fauteuil et écoute, comme saint François, le chant de la nature. Il lit aussi des ouvrages d'histoire, de philosophie et de théologie. Il a emporté cette année une énorme valise de livres. Il met sur le papier les pensées qui nourriront ses prochaines allocutions. Il note aussi ses réflexions sur les thèmes qu'il traitera dans l'avenir et sur les projets qui lui tiennent particulièrement à cœur : sa nouvelle encyclique ou le futur synode des évêques. Les papes, qui donnent rarement des interviews, en fait de simples entretiens, s'expriment en général pour l'ensemble des fidèles sous forme de messages universels : encycliques, bulles, lettres apostoliques et discours officiels. La beauté des cimes est propice à ce genre d'exercice, aussi religieux qu'intellectuel. Depuis toujours, Jean-Paul II le pratique. Monseigneur Thadeusz Styczen raconte volontiers que, lorsqu'il était encore archevêque de Cracovie, Karol

Wojtyla lui avait un jour téléphoné pour lui demander de faire avec lui une excursion dans les monts Tatras. Après que monseigneur Styczen eut passé une nuit dans le train pour le rejoindre, ils partent et marchent, des heures durant, dans un silence absolu presque frustrant pour lui, qui ne l'a pas vu depuis longtemps. L'archevêque Wojtyla est si absorbé dans ses pensées et dans la prière qu'ils traversent à pied la frontière tchécoslovaque sans même s'en apercevoir, et se font tout à coup brutalement arrêter par deux sévères gardes armés, lesquels ne plaisantent pas et auront le plus grand mal à croire que cet homme en pantalon gris de montagnard est l'un des hauts dignitaires de l'Église de Pologne. De bons souvenirs pour ce solide Polonais qui aimait tant marcher avant que les circonstances ne l'obligent à renoncer à ce loisir.

Même en vacances, le souverain pontife n'économise jamais son temps, comme l'explique son ami de séminaire le cardinal Franciszek Macharski : « S'il ne prie pas ou n'étudie pas, il a l'impression que c'est du temps perdu. » Ainsi a-t-il fait l'année dernière un cours d'écologie chrétienne aux gens de la région.

« J'ai réfléchi au rôle de l'homme dans le cosmos. L'être humain détient face à l'écologie une responsabilité spécifique pas seulement pour sa préservation quotidienne mais pour ce qu'elle doit offrir aux générations futures. Les grands fondements de l'écologie se trouvent dans la Bible. Il faut donc, jour après jour, non seulement respecter et préserver les valeurs terrestres mais, au XXe siècle, leur donner un développement harmonieux. La montagne n'est pas seulement un admirable paysage à contempler mais presque une école de vie. On y apprend à se fatiguer pour arriver à mi-chemin. À certains moments, on s'entraide pour vaincre les difficultés et on mesure la relativité de son être. »

Ce texte fut largement repris et diffusé par la suite.

Du temps où le Saint-Père avait encore tous ses moyens physiques, son amour pour les sommets, à force d'escapades à la montagne et sur les domaines skiables des Alpes et des Apennins, était devenu familier à l'opinion publique. Ainsi a-t-il, de par sa présence tant charismatique que médiatique, fait admettre au fil des ans l'idée qu'un pape a également droit à de véritables vacances et, chose incroyable, peut porter d'autres vêtements qu'une soutane immaculée, un camail blanc, une large ceinture de la même couleur, de grosses chaussettes et des mocassins bordeaux. Depuis sa première fugue, l'été 1984, pour aller à trois mille mètres d'altitude et descendre un glacier à skis, il a peu à peu conquis le droit à son espace de liberté. Cette escapade aurait sans doute pu passer inaperçue. Le pape voulait se rendre incognito au glacier du massif de l'Adamello, mais le ministère de l'Intérieur, n'osant prendre sur lui cette lourde responsabilité, avertit le chef de l'État, Sandro Pertini, de cette fantaisie papale. Malgré ses quatre-vingt-huit ans, le populaire Pertini décida alors d'accompagner personnellement le souverain pontife et de l'inviter à voyager à bord de son avion présidentiel, ce qui acheva de rendre la chose publique. Pour ne pas être exposés à la curiosité dans le téléphérique, ils gagnèrent le haut des pistes en chenillette.

Avec la patiente détermination de celui qui est prêt à déplacer les montagnes, avec la même volonté déployée depuis vingt-deux ans au-delà des maladies, de l'âge, du cortège de polémiques qu'il suscite afin d'imposer une certaine idée du catholicisme, le patriarche de l'Occident a été à contre-courant de ses prédécesseurs. Il a réussi à rendre banal ce qui est extraordinaire et qui, il y a une vingtaine d'années, aurait fait la une de la presse mondiale. Inimaginable, alors, de voir le serviteur des serviteurs de Dieu sur des skis en vacances comme naguère Valéry Giscard d'Estaing ou John Kennedy.

Alors que Jean-Paul II, à peine élu, se rendait en Vénétie, à Canale d'Agordo, village natal de son prédécesseur le patriarche de Venise Jean-Paul Ier, pour lui rendre hommage et rencontrer sa famille, le futur entraîneur de l'équipe nationale italienne de ski Helmut Schmaltzl lui offrit un cadeau aussi osé que singulier pour l'époque. Imaginez une superbe paire de skis blancs entièrement confectionnés à la main par un menuisier célèbre de Cortina d'Ampezzo. Le spécialiste des papes et correspondant de l'agence France-Presse à Rome, Bruno Bartoloni, explique alors à l'entraîneur qu'il aurait mieux fait de donner des fleurs ou un tableau au pape. Comment peut-il s'imaginer qu'un pape, même entouré de gardes suisses, aille un jour dévaler les pistes ?

Et, peut-être dans le secret espoir que le souverain pontife lui abandonne le cadeau saugrenu, Bruno Bartoloni, avec une fausse candeur, lui demanda :

« Très Saint-Père, imaginez-vous pouvoir un jour chausser cette paire de skis ?

— Je prie chaque matin pour que le ciel m'évite cette tentation », a-t-il répondu.

On connaît la suite.

Karol Wojtyla a remporté ce pari osé de s'accorder régulièrement une pause de détente à la montagne. Il répliqua un jour à un journaliste qui lui demandait si le Vatican n'était pas une prison dorée : « Il fallait bien cette prison pour mieux apprécier cette liberté. » De quoi faire taire les fidèles les plus à cheval sur les traditions pontificales.

Jean-Paul II, dans son grand âge, a gardé le goût de l'escapade. Le 4 avril 2000, à peine rentré de son voyage en Terre sainte, sans prévenir personne, pas même les services de sécurité, il a disparu toute la journée. Il a quitté le Vatican en cachette à 5 h 30 à bord d'une BMW de service, noire aux vitres fumées, en compagnie de monseigneur Dziwisz, du docteur Buzzonetti, de son majordome et du chef de la *vigilanza*, Camillo Cibin. Nul n'a su où il était allé. Il avait fait le mur. « Il s'agit d'un espace de liberté personnelle sur lequel nous ne sommes pas renseignés », a-t-on avoué au Vatican. Le Saint-Père est coutumier de ces fugues qui lui donnent pendant ces heures rares l'espiègle illusion d'être comme tout le monde.

C'est un repos plus classique qu'il prend chaque été à Castel Gandolfo, dans la vaste villa Barberini, à vingt-six kilomètres de Rome, qui est depuis des siècles le lieu de résidence estivale des papes. Ce sont, en fait, de semi-vacances, car, lorsque le souverain pontife y réside, il doit revenir à Rome tous les mercredis en hélicoptère pour l'audience générale. Pendant ce séjour, qui dure, selon les années, entre un et deux mois, la petite communauté qui entoure le souverain pontife est toujours limitée à monseigneur Dziwisz, à Angelo Gugel, à sœur Germana et aux autres sœurs polonaises, à une dizaine de gardes suisses et de gendarmes et à la vingtaine de personnes chargées en permanence de l'entretien du parc et de la ferme modèle dirigée par Giuseppe Bellapadrona. Mais il n'y a ni prélats ni *monsignori* de l'administration vaticane.

Au mois d'août, Jean-Paul II aime recevoir autour du 15 quelques vieux copains polonais pour les voir enfin d'une façon décontractée. Non seulement Jerzy Kluger, son plus vieil ami depuis l'école maternelle, mais aussi des intellectuels, des philosophes, slaves pour la plupart, avec lesquels il refait le monde catholique. Ces Polonais arrivent les mains pleines, entre autres cadeaux, de sacs d'irrésistibles caramels fondants Krowka Popularna que le Saint-Père redistribue aux jeunes de passage. C'est avec ces amis-là qu'il aime rire, se détendre. Il leur demande d'imiter les divers accents d'Europe centrale, russes ou roumains, et de lui raconter tous les derniers bons mots qui courent en ville sur saint Pierre et ses fameuses clés ; parfois, il mime Charlot en faisant tournoyer sa canne.

C'est, paraît-il, une habitude des Polonais de faire de grosses plaisanteries. Le pape est visiblement heureux d'être avec des compatriotes. Le cardinal Poupard m'a raconté que, lors de son dernier déjeuner à Castel Gandolfo, où il était le seul non-Polonais, Jean-Paul II avait désigné l'un des convives pour lui servir d'interprète. Mais le Saint-Père lui faisait signe de ne pas traduire certains propos qui devaient être trop slaves.

À Castel Gandolfo, le pape est officiellement en vacances et les activités de la curie fonctionnent au ralenti, même si son emploi du temps évolue toujours à un rythme soutenu. Dans la villa Barberini, comprenant une bonne trentaine de pièces, située dans ce bourg de trente mille habitants au sud-ouest de la capitale, la vie commence tôt. Le pape, qui aime regarder le lever du soleil, célèbre la messe, comme à la montagne, à 7 h 30, soit avec une demi-heure de décalage sur celles qu'il dit à Rome. Y assistent son entourage et souvent quelques proches de passage, une trentaine de personnes en tout. La chapelle — coïncidence presque miraculeuse — est dédiée à la Vierge noire de Czestochowa. Une reproduction de son icône surmonte l'autel adossé au mur. Des fresques style 1930 représentent sur le mur de droite la victoire des troupes polonaises sur l'Armée rouge le 14 août 1920, *Le Miracle de la Vistule*. Mais c'est Pie XI qui fit décorer ainsi la chapelle après avoir été nonce à Varsovie l'année de naissance de Karol Wojtyla.

Après la messe, même s'il est plus fatigué qu'auparavant, Jean-Paul II retient souvent pour le petit déjeuner des personnes ayant assisté à l'office religieux. Copieux breakfast à l'anglaise, thé Earl Grey avec du lait pour lui, petits pains ronds, œufs brouillés aux herbes sauvages, fromages, bacon, beurre, fruits, dont des pêches de Castel Gandolfo, réputées pour leur taille, jus de fruits... Puis il prend congé de ses hôtes, car, sous ce climat souvent lourd, il lui faut se ménager. Il va marcher seul sur la terrasse, tout doucement, parcourant parfois son bréviaire ou des livres de littérature, d'histoire ou de philosophie dans la langue même de l'auteur. Il lit une heure et demie par jour en vacances. Il a presque toujours un chapelet à la main. Puis, à son bureau ou dans les jardins, il se plonge dans des dossiers, les compulse, en revoit d'autres sur lesquels il n'a pas eu, durant les onze autres mois de l'année, le temps de se pencher. Chaque matin, monseigneur Dziwisz lui établit une revue de presse. Il le tient au courant des grands événements. Un an sur deux, il réunit en séminaire informel pendant deux jours des spécialistes des sciences sociales de tous horizons, religieux et philosophiques.

Il n'y a guère d'endroit dans les cinquante hectares de ce domaine patricien, plus vaste que le Vatican, où l'on ne puisse rencontrer Jean-Paul II. Il arpente les allées de la villa Barberini composée de seize parterres différents, du jardin à l'italienne au jardin de miroirs ou au verger d'agrumes, en passant par le bosquet de la petite Vierge entourée de cyprès. Le pape va partout. De temps à autre, il se rend à la ferme, jadis aménagée par Pie XI. Parfois encore, mais de moins en moins souvent, il reçoit dans le parc des scouts, des pèlerins, des étudiants catholiques, des séminaristes et des groupes de jeunes Polonais auxquels il parle dans leur langue natale (au début de son pontificat, le personnel, épaté, pensait qu'il leur parlait en latin). En août 2000, à l'occasion des XVe Journées mondiales de la jeunesse, il a invité quinze jeunes à résider dans le domaine de Castel Gantolfo et les a reçus à déjeuner dans le palais apostolique de la villa Barberini. Ainsi, Italiens, Tahitiens, Canadiens, Guinéens et Sri-Lankais ont-ils eu le privilège de partager ce déjeuner typiquement italien (jambon, melon, pâtes, viande, gâteaux, vin rouge) où le pape présidait une table en forme de fer à cheval pour que chacun puisse mieux le voir. Cela lui permet de rester en contact avec la vie quotidienne et de ne jamais oublier, comme il le rappelle régulièrement, que le plus important pour lui demeure toujours le fait d'être prêtre ; d'ailleurs, une fois par an, au moment des cérémonies pascales, il s'enferme dans le secret de l'un des confessionnaux de Saint-Pierre pour confesser, tel un simple prêtre, les croyants de passage. À Castel Gandolfo, il alterne les moments de méditation, de prière et de travail. Il y a encore des décisions à prendre, des lettres apostoliques à écrire, des voyages à préparer. Même dans cette atmosphère étrange de fin de règne, Jean-Paul II ne reste jamais statique. Son bureau peut être aussi bien une table dans un coin ombragé du jardin que la petite salle à côté de sa chambre à coucher d'où il profite pleinement de la vue sur le lac d'Albano, et dans laquelle une température plus fraîche est assurée par la climatisation. Le pape, venu du froid et jadis habitué aux lacs glacés polonais, craint la chaleur. Il a appris à s'en protéger comme font les montagnards en buvant le moins possible. Lorsqu'il déjeune, jamais exactement à la même heure tant cette nécessité matérielle passe pour lui après les nourritures spirituelles, il ne boit qu'un demi-verre de vin blanc des castelli romani, le vin sec local, coupé d'eau. Il mange plus légèrement qu'à la montagne car il fait plus chaud : potages, légumes, salades, fruits. Il fait ensuite une petite sieste. Il a aussi des temps de vraie détente lorsqu'il va incognito se promener dans les alentours. Après avoir emprunté l'ascenseur qui le conduit directement du premier étage de la villa au garage, Jean-Paul II monte dans une Mercedes ou une BMW banalisées bleu marine, accompagné de ses omniprésents Dziwisz et Angelo Gugel pour faire un tour dans les collines des environs.

Lorsque, le mercredi, il rentre à Rome pour l'audience générale, il traverse d'abord en automobile une allée serrée de chênes verts et gagne les jardins de la villa dont les plantations descendent en pente douce vers le lac d'Albano. Là, un hélicoptère de l'armée de l'air prêté par le chef de l'État l'attend pour se poser quelque vingt minutes plus tard dans les jardins du Vatican, près de la tour Saint-Jean, où soit une Fiat, soit une Toyota blanches style Jeep, le conduit vers la basilique Saint-Pierre. Il fera généralement deux « shows apostoliques », l'un dans la basilique, l'autre place Saint-Pierre pour contenter l'énorme foule de pèlerins de l'été. Vers 13 heures, l'appareil redécollera avec le Saint-Père en direction de la villa Barberini.

Cette résidence d'été a plus l'allure d'un palais Renaissance que d'une grande villa de vacances. Si les appartements du premier étage sont d'une élégante sobriété qui plaît infiniment à Karol Wojtyla, le second niveau, l'étage noble, est constitué d'une suite de grands salons couleur pastel en enfilade : la salle du Consistoire, la salle des Suisses et d'autres avec de hautes fenêtres, des fresques, et des sols en marbre. On se croirait presque au Vatican. En revanche, la piscine que Jean-Paul II a fait construire ne rappelle en rien le passé. Comment a-t-il osé faire creuser une piscine moderne dans ce parc majestueux où conviendrait plutôt un noble et profond bassin de pierre ? ne cessent de murmurer les hauts prélats italiens de la curie romaine.

Dès l'été 1979, le Saint-Père décidait que, s'il lui fallait se plier à la règle séculaire de passer ses vacances à quelques lieues du Vatican, il n'était écrit dans aucun passage de la Bible que le successeur de saint Pierre ne devait pas faire de sport. Karol Wojtyla, bien que plus alpiniste que marin, était encore, à cinquante-huit ans, allé nager la veille de son élection au bord de la mer sur la plage de Palidoro, à quinze kilomètres de l'aéroport de Fiumicino (établissement balnéaire que l'institut du Saint-Esprit met depuis une quarantaine d'années à la disposition des cardinaux et des évêques). À peine succède-t-il au pape Luciani qu'il interroge le gouvernatorat du Vatican sur les infrastructures sportives existant dans la cité. Aucune lui répond-on, si ce n'est un court de tennis en mauvais état près des musées du Vatican. Le pape demande qu'on remette en état ce terrain, qu'il n'utilisera d'ailleurs pas, faute de temps et de partenaires. Personne n'osera l'affronter. Au Vatican, les cardinaux italiens s'indignent à l'idée qu'un Polonais, au nom imprononçable de surcroît, premier pape étranger de l'histoire depuis quatre cent cinquante-cinq ans, ait des velléités de faire du sport sous prétexte qu'il allait autrefois skier à Zakopane et organisait des randonnées et des sorties en kayak comme aumônier des étudiants de Cracovie. C'est presque un scandale pour les hiératiques membres latins du Saint-Siège. Ils devront pourtant s'y faire. La souveraineté de Karol Wojtyla est seulement spirituelle sur l'Église ; elle est temporelle sur le Vatican. D'ailleurs, ses armes et son portrait, comme celui de Jacques Chirac dans nos mairies et bâtiments administratifs, ornent tous les lieux publics de la cité du Vatican. Alors pourquoi donc ce chef d'État, au caractère très tranché, n'inaugurerait-il pas un nouveau style de détente, même sans le soutien de la curie ? Heureusement, les riches catholiques canadiens, apprenant que le pape, encore dans la force de l'âge, se morfond de ne pouvoir faire de sport, décident sur-le-champ de lui offrir les fonds pour qu'il se fasse construire une piscine. Mais faut-il la creuser à Rome ou à Castel Gandolfo ? Jean-Paul II choisit sans hésiter Castel Gandolfo. Le terrain y est moins rare et moins coûteux qu'à Rome. À la campagne, la piscine sera mieux à l'abri des regards des envieux prélats et des téléobjectifs des paparazzi. Le directeur général des services techniques du gouvernatorat du Vatican s'efforcera en vain de contrer le projet. À ses conseillers qui critiquent sa décision, Jean-Paul II répond simplement qu'une piscine revient moins cher qu'un nouveau conclave. Grâce à quoi, de longues années durant, le Saint-Père, avec un bonheur absolu, a nagé la brasse coulée dans sa piscine. Dans un style, prétendait-on, un peu démodé. Il a cessé lorsqu'il s'est cassé le col du fémur puis la clavicule, bien que le docteur Buzzonetti ait insisté sur l'importance de la natation pour redonner du tonus à ses muscles après ces deux accidents. Depuis que le souverain pontife ne profite plus de ce bassin de huit mètres sur seize couvert par une coupole en plastique où le soleil filtre, ce sont les gardes suisses et les gendarmes qui y nagent. Jean-Paul II tranche aussi avec les précédents papes en se montrant démocratique et en mettant à leur disposition une installation privée.

Le dimanche, le pape reçoit les pèlerins à midi, heure de l'Angélus, dans la cour intérieure de sa résidence protégée de la canicule par un vélum de toile beige. Souvent, des orchestres de jeunes lui donnent alors un concert. C'est pour lui un moment de joie. Mais, ces derniers temps son visage trahit une fatigue et une souffrance qui n'échappent à personne. Lorsque j'ai été invitée à Castel Gandolfo (sans photographe), j'ai remarqué combien la chaleur semblait l'incommoder. Je souffrais pour lui rien qu'en comptant le nombre de vêtements, même en tissu léger, qu'il portait les uns au-dessus des autres.

Après avoir vu le Saint-Père, les pèlerins les plus favorisés peuvent faire un tour dans le parc et admirer les différents édifices de la villa Barberini.

Cette propriété d'un peu moins d'un kilomètre carré sert de cadre estival aux papes depuis le XVIIe siècle. Auparavant, ils allaient se reposer dans les somptueuses villas de leurs cardinaux sur les collines autour de Rome. Ce fut le prince Barberini, Urbain VIII (d'où le nom de « villa Barberini »), qui fit aménager entre 1624 et 1629 sa très aristocratique demeure familiale, bordée par le lac d'Albano et la campagne romaine, qui s'élevait sur les ruines d'une villa de Domitien. Il inaugura ainsi les vacances pontificales à Castel Gandolfo. Depuis, une vingtaine de papes, fuyant les grandes chaleurs de la Ville éternelle, y ont séjourné pendant les mois d'été. Cette cadence a dû être interrompue de 1878 à 1934 par Pie IX, Léon XIII, Pie X, Benoît XV et Pie XI, lesquels se trouvaient dans l'attente d'une solution à l'épineuse question de savoir si les accords du Latran reconnaissaient l'extraterritorialité de la villa pontificale. Ce fut Pie XI qui renoua avec cette agréable tradition. Il commença par restaurer avec raffinement le palais et ses dépendances qui étaient à l'abandon depuis près d'un demi-siècle, et il fit redessiner les jardins et en replanter la luxuriante végétation méditerranéenne. Il passa ses premières vacances à Castel Gandolfo en 1934 et y retourna régulièrement jusqu'en 1938. Année où il avança opportunément la date de son départ en vacances afin de ne pas se trouver dans la capitale italienne lors de la visite historique de Hitler à Mussolini. C'est de Castel Gandolfo que, le 24 août 1939, Pie XII adressa le message par lequel il espérait conjurer la Seconde Guerre mondiale : « Rien n'est perdu avec la paix, tout peut l'être avec la guerre. » Pendant toute la durée du conflit mondial, le palais servit à abriter jusqu'à douze mille réfugiés, et le souverain pontife n'y revint qu'en 1947. La crypte, très harmonieuse, de l'église construite par le Bernin devint même un abri car les bombes n'épargnaient pas la résidence des papes, qui subit de graves dommages après le débarquement des Alliés à Anzio. C'est là que le solitaire et aristocratique Pie XII s'éteignit le 9 octobre 1958 et le timide Paul VI vingt ans plus tard, le 6 août 1978. Ces deux souverains pontifes rédigèrent sur ces terres papales, à l'ombre des sombres allées de cyprès, leurs plus importantes encycliques. Depuis ces deux décès, un dispositif médical de pointe a été installé sur place. C'est qu'avec Jean-Paul II la surveillance médicale ne doit jamais cesser. Les deux hôpitaux les plus proches de la villa Barberini sont toujours en alerte rouge quand le Saint-Père s'y trouve. Le 14 août 1996, il dut se rendre à celui d'Albano pour subir d'urgence un scanner. Par ailleurs, un hélicoptère militaire sanitaire, avec à son bord deux pilotes, un médecin et une infirmière, est stationné en permanence sur l'héliport, à quelques centaines de mètres du palais d'été. Le docteur Buzzonetti gère le planning des huit médecins qui, par rotations, ont l'honneur de suivre le patient le plus célèbre du monde.

Une antenne très puissante relie les bureaux de la police du palais de Castel Gandolfo au ministère de l'Intérieur à Rome.

Les vacances de cette *Pope Star* passionnent le monde entier, à en juger par les prix élevés auxquels se sont vendues dans le passé les photos de ses exploits sportifs. Dans les années 80, le slalom du nouveau souverain pontife a, pour 1 million de francs, fait le tour du monde. De *Newsweek* au *Figaro Magazine*, de la presse la plus sérieuse aux journaux à sensation, les grands supports médiatiques se sont disputé les images de ses descentes à ski, en plein moins de juillet, encadré par un petit groupe de moniteurs sur les cimes des glaciers alpins. Et ce sont 4 millions de francs qui ont été déboursés par Angelo Rizzoli, propriétaire d'un important groupe de presse en Italie — qui avait beaucoup à se faire pardonner du Vatican pour de sombres affaires qui le mêlaient, dit-on, en 1981 à la loge maçonnique P2 —, pour racheter certaines photos indiscrètes prises à la piscine. Angelo Rizzoli remit les négatifs à l'entourage de Jean-Paul II, espérant se faire absoudre par ce geste. Les clichés furent donc définitivement enterrés. Ce qui n'empêcha pas de voir, quelques semaines plus tard, Karol Wojtyla en maillot de bain, mais il s'agissait là d'une vieille photo prise la veille de son élection à Palidoro, la fameuse plage du clergé.

Tous ces portraits d'un pape sportif sont bien éloignés des allégoriques peintures du passé où l'on pouvait contempler des papes se promenant tirés par quatre mulets blancs ou encore en calèche, escortés par des militaires à cheval et des courtisans. On leur remettait alors dans des maroquins rouges et des paniers en osier d'importants cadeaux au fur et à mesure que le cortège traversait les villages.

L'actuel souverain pontife, pourtant très sensible à l'aspect symbolique de sa mission pastorale, ne pourrait plus, même s'il le souhaitait, se faire photographier avec son fameux âne en arrière-plan. Âne qu'un pieux Brésilien, Damiao Galdino da Silva, chauffeur du Sénat de Brasilia, avait offert au Saint-Père lors de sa visite dans son pays en 1980. Petit âne biblique qui, au prix de gros sacrifices et de bien des péripéties, avait finalement atterri par fret aérien à Rome. Le Saint-Père décida de l'offrir aux franciscaines installées dans un domaine agricole voisin en limite de Rome. Grand étonnement au Vatican, où l'on pensait que le pape aurait mis l'âne en pension à la ferme de Castel Gandolfo. Un cardinal m'a raconté — à demi sérieux — que Karol Wojtyla lui avait dit : « Que veux-tu, ce n'est pas la peine de le garder, tu ne crois pas qu'il y a déjà assez d'ânes au Vatican comme cela ? »

8

Le troisième secret de Fatima, c'était lui

Ce fut une surprise dans toute la chrétienté lorsque, le 26 juin 2000, le Vatican a rendu public le troisième message que la Vierge avait révélé à Fatima, le 13 mai 1917, à trois petits bergers portugais. Les deux premiers concernaient la guerre mondiale et la « conversion » de la Russie. Dans le troisième message, gardé jusqu'ici secret par trois papes, la Vierge prédisait qu'un « évêque vêtu de blanc serait atteint d'un coup de feu ».

Comment ne pas faire le rapprochement avec l'attentat dont fut victime Jean-Paul II en 1981 sur la place Saint-Pierre, précisément un 13 mai ?

Le Saint-Père l'avait fait presque aussitôt. Il est convaincu que la Vierge a miraculeusement dévié les balles tirées sur lui par Ali Agça et, quelques semaines après l'attentat, il l'a déclaré aux fidèles venus place Saint-Pierre. Ainsi qu'il l'a confié lui-même au pape venu le voir en prison, le terroriste turc, qui se considère comme un tireur d'élite infaillible, était resté stupéfait de ne pas avoir réussi à abattre sa cible malgré les trois balles de son browning 9 mm tirées presque à bout portant à moins de six mètres et dont la déflagration avait fait s'envoler tous les pigeons de la place Saint-Pierre ; il pouvait s'agir d'un miracle. Les balles étaient passées à moins d'un centimètre des organes vitaux et de l'aorte du pape.

Après la longue intervention chirurgicale à l'intestin que dut subir le Saint-Père juste après l'attentat, c'est monseigneur Dziwisz qui fit remarquer à Jean-Paul II l'extraordinaire coïncidence de dates entre l'attentat du 13 mai 1981 et la première apparition de la Vierge aux trois petits bergers de Fatima le 13 mai 1917.

Le pape demanda aussitôt qu'on lui apporte le texte du troisième message de Fatima recueilli par les bergers et déposé aux archives secrètes du Vatican le 4 avril 1957. Ses prédécesseurs ne l'avaient pas dévoilé. On donna au Saint-Père deux enveloppes : une jaune contenant le texte du troisième secret rédigé en portugais par Lucia, la petite bergère, à la demande de son évêque, et une blanche contenant la traduction en italien. Jean-Paul II la décacheta et lut les lignes suivantes : « Un évêque vêtu de blanc, et nous avons eu le pressentiment que c'était le Saint-Père, et divers autres évêques, prêtres, religieux... montaient sur une montagne escarpée au sommet de laquelle il y avait une grande croix... Le Saint-Père... affligé de souffrance et de peine... priait pour les âmes des victimes qu'il trouvait sur son chemin ; parvenu au sommet de la montagne il fut tué par un groupe de soldats avec une arme à feu. »

Jean-Paul II, en lisant ce texte prophétique, n'en douta plus : l'évêque vêtu de blanc qui tombait sous des balles, c'était bien lui. Mais il n'était pas tué. La Vierge l'avait sauvé. Il fit remarquer plus tard que cet attentat avait joué un rôle providentiel dans sa vie, car, dit-il, « durant toutes mes longues journées de souffrance, j'ai beaucoup réfléchi à ce que cela signifiait, au signe mystérieux qui m'est venu comme un don du ciel ».

Au premier anniversaire de l'attentat, Jean-Paul II s'est rendu à Fatima pour remercier la Vierge. Le 25 mars 1983, jour de l'Annonciation, le pape, qui avait fait venir de Fatima la statue de la Vierge commémorative des apparitions, la fit exposer à l'adoration des fidèles dans la basilique Saint-Pierre puis à Saint-Jean-de-Latran, la cathédrale de l'évêque de Rome. Deux jours plus tard, la statue repartit pour Fatima, escortée par l'évêque de Leiria, monseigneur Alberto Cosme do Amaral. Celui-ci emportait, dans une petite boîte aux armes du Saint-Père, l'une des balles tirées contre lui par Ali Agça, qui fut sertie parmi les pierres précieuses sur la couronne en or de la statue de la Vierge dans une alvéole qui se trouvait à son sommet et qui était miraculeusement de la même dimension.

Le 13 mai 1991, pour le dixième anniversaire de l'attentat, Jean-Paul II est retourné en pèlerinage à Fatima. Il y est revenu en mai 2000 pour élever au rang de bienheureux deux des trois petits voyants, Francisco et Jacinta. La troisième, Maria Lucia, religieuse au carmel de Coimbra, est toujours vivante à quatre-vingt-treize ans. Il y répéta sa profession de foi : « Une main a tiré, une autre main a dévié le projectile. » Il fit alors allusion au troisième secret qui devait être révélé six semaines plus tard en détail par le Vatican, et a ajouté : « Les autres secrets de Fatima concernaient, comme on le sait, la conversion de la Russie et ce qui s'est produit dans l'ex-Empire soviétique qui relève indéniablement du miracle. »

Depuis toujours, Karol Wojtyla voue un culte fervent à la Vierge. À quinze ans, il faisait déjà partie de la Société mariale de Pologne.

Ce n'est pas par souci esthétique ou héraldique à l'instar de certains princes de l'Église de la Renaissance que le Saint-Père a consacré son blason pontifical à Marie, Mère de Jésus et dont la devise est « *Totus tuus* », qui veut dire en latin « Tout à toi ». « Je suis tout à toi, explique Jean-Paul II, soit entièrement entre les mains de la Vierge à laquelle je remets chaque matin mon existence et qui m'a protégé le 13 mai et tant d'autres fois. » Le Saint-Père est tellement habité par cette foi que ses médecins, même s'ils sont de fervents croyants et des chrétiens rigoureux, cherchent à convaincre le pape qu'il doit se ménager et ne pas trop compter sur de nouveaux miracles. Ils doivent lutter pour obtenir que Jean-Paul II accepte d'alléger son programme quotidien trop dense et de concentrer ses énergies uniquement sur des événements majeurs. Ils y arrivent rarement. Serein et confiant en la Vierge qu'il vénère plus que tout et dont il est sûr qu'elle l'assiste jour après jour, il refuse obstinément — à l'exception de ses vacances — de limiter les efforts qu'il consacre à sa mission pastorale puisque la Vierge le protège depuis qu'il lui a confié sa vie. Il ne cesse de lui manifester sa reconnaissance, comme en témoignent les cent cinq visites effectuées en vingt-deux ans dans des sanctuaires consacrés à Marie au cours de ses deux cent vingt-neuf voyages hors du Vatican. De la Guadalupe au Mexique à Czestochowa en Pologne, de Lourdes en France à Fatima au Portugal.

La foi du Saint-Père dans ce miracle n'est pas partagée par tous au Vatican. Ses prédécesseurs Jean XXIII et Paul VI ont montré une grande prudence concernant les apparitions. Le secrétaire privé de Jean XXIII, monseigneur Loris Copovilla, a confié à l'un de nos confrères, Bruno Bartoloni, alors jeune rédacteur religieux à l'agence France-Presse, en le rencontrant un jour place Saint-Pierre, qu'il ne savait plus exactement dans quel tiroir secret de quel meuble du pape était rangé le document de Fatima mais que, de toute manière, cela n'était pas très important. Comme souvent au Vatican, tout est par la suite rentré théologiquement dans l'ordre. Ainsi, le cardinal Joseph Ratzinger, préfet de la Congrégation pour la doctrine de la foi, qui portait naguère le nom plus évocateur de Saint-Office, a précisé, lors d'une conférence de presse en juin dernier, que « la révélation d'apparitions comme Fatima ou Lourdes est une aide qui est offerte mais dont il n'est nullement obligatoire de faire usage. La foi vient avant tout de la dévotion. Le critère pour la vérité et pour la valeur d'une révélation privée est donc son orientation vers le Christ lui-même ». Ce langage quelque peu jésuite tendait à dire que chacun pouvait interpréter ces « miracles » à sa guise.

Jean-Paul II n'a pas de ces hésitations. « Je désire,

proclame-t-il, répondre au besoin de mon cœur qui me pousse à me rendre aux pieds de la Mère de Dieu pour la remercier de son intervention qui m'a sauvé la vie et redonné la santé. » Il est allé récemment en pèlerinage dans d'autres sanctuaires mariaux : ceux de Beauraing, en Belgique, de Kevelaer, en Allemagne, de Ta'Pinu, à Malte, ou de Maastricht, aux Pays-Bas... Et rappelons qu'il a envoyé au sanctuaire polonais de la Vierge noire de Czestochowa la large ceinture blanche tachée de sang qu'il portait à la taille au moment de l'attentat. Quand je suis allée, en août 2000, au sanctuaire de Czestochowa, je n'ai pas pu la voir car les frères paulins, les moines desservants, la tiennent cachée, « selon la volonté du pape », m'a expliqué l'un d'eux, et c'est dans ses ultimes volontés que Karol Wojtyla donnerait, à son sujet, des directives précises.

La Vierge qu'il porte depuis toujours dans le secret de son cœur polonais est cette Vierge de Czestochowa dont le sanctuaire est à une centaine de kilomètres au nord-ouest de Cracovie. Elle est l'objet, en Pologne (où quatre-vingt douze pour cent des gens sont baptisés catholiques et cinquante pour cent pratiquent régulièrement), d'une incommensurable vénération et est considérée par la hiérarchie catholique et les fidèles comme la patronne et en quelque sorte la reine des Polonais. Des centaines de milliers de pèlerins viennent célébrer son culte plusieurs fois par an. Selon un religieux du monastère de Jasna Gora, les groupes de pèlerins qui affluent généralement la veille de la fête de la Vierge Marie viennent non seulement de toutes les régions de

Pologne, mais également d'autres pays. Lors de la naissance de Solidarnosc, elle est devenue un signe de ralliement du syndicat et c'est son effigie que Lech Walesa portait au revers de son veston. Elle reste un symbole d'espoir pour toute une population profondément croyante. Son image figure toujours en bonne place au milieu des croix florales que des mains inconnues disposent dans de multiples endroits au pied des monuments religieux. Elle représente plus pour les Polonais que pour nous la Vierge de Lourdes, qui ne fait l'objet d'aucun culte national. La visite du sanctuaire m'a étonnée. Tout est flamboyant dans cette basilique et d'un luxe incroyable alors que ce pays connaît encore une grande pauvreté. C'est d'ailleurs le cas de toutes les églises polonaises toujours combles où l'on dit trois messes par jour. Ce qui est le plus frappant, c'est la ferveur des pèlerins et leur jeunesse. J'ai cru voir des dizaines de jeunes Karol Wojtyla : des petits blondinets aux yeux bleus qui allumaient des cierges d'un air extasié. Les pèlerins viennent parfois de six cents kilomètres à pied, à vélo, avec des sacs à dos. Ils sont de tous les âges. Il y a même des pèlerins à cheval. J'ai vu des ex-voto de marins, de maquisards, de militants de Solidarnosc. Les Biélorusses, les Tchèques, les Ukrainiens, les Baltes, les Lituaniens, les Slovaques qui n'ont pas les moyens d'aller à Rome vont en pèlerinage à Czestochowa. Le sanctuaire a accueilli cinq millions de pèlerins en 1999.

En 1957, le cardinal Wyszynski a voulu faire circuler la Vierge noire dans tout le pays. Mais elle a été séquestrée par les communistes pendant six ans. Seul son cadre, avec une bougie allumée au milieu, a pu être présenté de village en village. Il a parcouru ainsi dix mille paroisses en neuf ans.

Les cadeaux des pèlerins s'entassent dans les vitrines du musée du monastère. Le plus pauvre des paysans donne son unique montre en or, Marie Curie son chapelet, le prince Radziwill son rosaire du XVIe siècle en cristal de roche ; des Polonais d'Amérique ont apporté un ciboire serti de rubis et d'émeraudes, des paysans siciliens une mosaïque en morceaux (pour passer la douane) qu'ils ont remontée sur place. Jean XXIII avait envoyé un superbe ostensoir orné de pierres précieuses. Dans un coin du monastère près de la sacristie est conservé le trône en bois blanc et doré qui est réservé à Karol Wojtyla. On a d'ailleurs construit dans le sanctuaire une entrée spéciale pour lui, un portail en marbre noir au-dessus duquel se détachent ses armoiries dorées. Le père prieur Izydor Matuszevski est persuadé qu'il va revenir une huitième fois.

Cette vénération est fondée sur une croyance qui voudrait qu'aux heures les plus sombres de l'histoire, elle ait ranimé la foi et sauvé la Pologne du désarroi moral ; pour le fidèle polonais, cette icône est synonyme d'espoir, de persévérance, de conviction dans l'issue victorieuse de la lutte de tout un peuple pour sa liberté. En 1655, ce fut le « miracle ». Les armées suédoises déferlaient sur la plaine polonaise. Le pays sombrait. La Pologne allait à la dérive. Plus rien ne semblait être en mesure de la sauver. C'est alors que le prieur général des paulins, le père Augustin Kordecki, la « Jeanne d'Arc polonaise », rallia ses compatriotes sous la bannière de la Vierge noire. L'envahisseur fut chassé. La Pologne victorieuse renaissait de ses cendres, et, depuis, la Vierge noire symbolise dans le cœur de chaque Polonais la résistance à l'occupant. Cette icône précieuse qui représente la Vierge Marie avec l'Enfant Jésus sur le bras gauche se trouve sous la garde des frères paulins. Ses yeux en amande fixent le pèlerin d'un regard doux et protecteur. Deux balafres barrent sa joue droite, œuvre de brigands qui pillèrent le monastère au XVe siècle. Selon la légende, lors du saccage, l'un d'entre eux la foula aux pieds et lui porta des coups de sabre. Le sang gicla. L'auteur du sacrilège tomba raide mort. Les meilleurs peintres de l'époque tentèrent de camoufler les cicatrices. En vain. Elles ont toujours reparu sous les couches de peinture.

L'origine de cette icône demeure mystérieuse. Les uns affirment qu'elle est l'œuvre de saint Luc. D'autres estiment qu'elle proviendrait de Byzance et daterait du VIe siècle. Une chose est certaine : elle fut découverte en Ruthénie et acheminée à Czestochowa au XIVe siècle par le prince Ladislas d'Opole. Le 15 août 1955, à la veille de la petite révolution d'octobre, plus d'un million de fidèles s'étaient donné rendez-vous devant le monastère où se trouve l'icône pour demander à la Vierge la libération du cardinal Wyszynski, le père spirituel de Karol Wojtyla, enfermé dans les prisons staliniennes. Leurs vœux furent exaucés. Un an plus tard, le primat de Pologne recouvrait la liberté. Cela frappa beaucoup le jeune Wojtyla, qui avait une immense admiration, une fidélité sans faille à l'égard de son supérieur, le cardinal archevêque de Varsovie, bien qu'il y ait eu entre eux des moments de tension en raison du caractère très autoritaire de Wyszynski. C'est en grande partie à son influence et à son prestige que Jean-Paul II doit son élection. C'est d'ailleurs en hommage au primat de Pologne et pour remercier Marie de le protéger chaque jour que Jean-Paul II a déposé, le 13 mai 2000, devant la statue de la Vierge à Fatima un écrin de cuir rouge contenant l'anneau pastoral que lui avait offert le cardinal Wyszynski au début de son pontificat. L'anneau, s'il est le signe d'alliance et de fidélité pour des époux (qui souvent le jour de leur mariage confient leur destin à la Vierge au travers du geste symbolique de la mariée qui dépose son bouquet aux pieds de l'une de ses statues), l'est aussi pour les évêques. Remettre son anneau, pour Karol Wojtyla, est donc un geste aussi significatif que symbolique, d'autant plus qu'il est un don précieux du primat de Pologne. C'est aussi une tradition très polonaise de remercier un sanctuaire pour un vœu réalisé ou une grâce obtenue. Il repose donc aux pieds de la Vierge portugaise, cet anneau que Jean-Paul II portait à la main droite et que des milliers de fidèles et de très hautes personnalités, dont les reines des pays catholiques, la reine Paola de Belgique et la reine Sofia d'Espagne, tout récemment la grande-duchesse du Luxembourg ont baisé tant de fois. Le cardinal Wyszynski avait adressé cette phrase prophétique à Jean-Paul II le jour de son élection : « Si le Seigneur t'a appelé, tu dois faire entrer l'Église dans le troisième millénaire ! » Il l'a fait. Le dépôt de cet anneau, geste émouvant, a surpris une fois encore son plus proche entourage. Ni le cardinal secrétaire d'État Sodano ni les autres dignitaires de l'Église catholique, en dehors de monseigneur Dziwisz, toujours dans le secret, ne connaissaient l'intention du Saint-Père.

En juin 1999, au pied du sanctuaire de Czestochowa, en présence de quinze mille pèlerins, Jean-Paul II s'est mis à genoux devant l'icône de la Vierge pour lui confier à nouveau sa vie, son ministère pontifical, lui consacrer l'Église de Pologne et celles du monde entier et lui demander le don précieux de la paix pour l'humanité tout entière ainsi que la solidarité entre les peuples. Répétitions insistantes conformes à sa dialectique polonaise dont Valéry Giscard d'Estaing avait compris le fonctionnement, en écoutant l'homélie prononcée par le souverain pontife à l'issue de la messe qu'il avait concélébrée en juin 1980 avec les évêques d'Île-de-France et quatre cents prêtres sur le gigantesque podium dressé devant la cathédrale Notre-Dame.

« J'avais été frappé que pendant le sermon où il a répété la question jadis posée par Jésus à l'apôtre Pierre " M'aimes-tu ? " Karol Wojtyla revienne plusieurs fois à cette question fondamentale, reprenant son discours à son point de départ. En fait, une forme de raisonnement circulaire moins formelle, moins déductive que la nôtre. Il a une façon de développer ses arguments plus classique et affective que nous qui partons d'un point pour arriver à un autre. Cette éloquence et cette logique circulaire du pape, qui est toujours beaucoup plus slave que latine, ne font pas appel à une logique cartésienne. Il s'engage dans des chemins transversaux et conduit son peuple comme une foule qui marche et que l'on ramène sans cesse au même point. »

« Le Saint-Père reste persuadé que la Vierge le protège toujours », comme me l'a confirmé la confidence que me fit l'un de ses familiers à propos d'un incident grave survenu au Vatican. C'était le 6 janvier 1998. Une fois encore, Jean-Paul II, pris d'un léger malaise, vacille et manque de s'effondrer dans la chapelle Sixtine où il doit, le jour des Rois, comme chaque année, baptiser une vingtaine de bébés de nationalités diverses.

Soudain, la tête lui tourne. Le geste incertain, il tente de s'agripper à sa lourde crosse pastorale d'argent mais trébuche et se trouve rattrapé de justesse par monseigneur Marini, le maître des cérémonies pontificales, son ombre salutaire dans chacune des célébrations religieuses. Il vient, moins discrètement que d'habitude à cause des impitoyables caméras en ce jour important du calendrier, de lui éviter une fois encore la mauvaise chute. Ce sportif et distingué prélat de cinquante-huit ans, d'un calme légendaire au Vatican, est assez habile pour contrôler avec maestria, et en y participant (c'est toujours lui qu'on voit à la télévision à la droite du pape lors des messes), le bon déroulement des offices religieux tout en ne lâchant jamais le Saint-Père des yeux. Cette fois-là, alors qu'il l'accompagnait à son rythme et que l'évêque de Rome venait juste de s'arrêter à l'entrée de la majestueuse chapelle Sixtine, attendant selon le protocole que le chant d'accueil se termine, avant même qu'il s'avance, monseigneur Marini a pressenti que quelque chose n'allait pas comme d'habitude et a instinctivement rattrapé Jean-Paul II avant qu'il ne bascule. Il l'avoue sans détour puisque le pape est l'homme le plus public de la planète, toujours suivi par les télévisions du monde entier : « Pourquoi cacher qu'en plus de trembler il lui arrive de dodeliner parfois anormalement de la tête ou de perdre l'équilibre lorsqu'il doit s'agenouiller ? Alors, discrètement, je fais en sorte qu'il s'appuie sur mon bras. Ce simple geste le rassure lorsque ses petits pas sont hésitants et qu'il tremble. »

Le maître des cérémonies parle de ces instants avec un naturel déconcertant sans souligner la maestria avec laquelle il protège la vieille silhouette et les os fragilisés de l'homme en blanc qui ne peut pratiquement plus se passer de son bâton de pèlerin terminé par une croix. Le vrai problème est qu'il n'a pas voulu écouter la sévère mise en garde de ses deux médecins après ce petit malaise qu'ils ont considéré comme une nouvelle sonnette d'alarme. C'était quelques jours à peine avant qu'il s'envole pour un ambitieux voyage pastoral à Cuba. Ils l'ont supplié d'annuler ce périple de cinq jours avec six aller-retour en avion à l'intérieur de l'île et, en prime, l'étape dans la canicule de Santiago au pied de la Sierra Maestra — voyage considéré en bloc comme un risque. Le passage brusque d'un climat hivernal à un climat tropical était un danger supplémentaire. Mais Jean-Paul II s'obstina. Pis, quelques jours après ce malaise, non content des charges multiples qui lui étaient imposées par ce début d'année, l'évêque de Rome se mit en tête d'improviser à la dernière minute un déplacement à Assise afin de réconforter les gens à la suite du tremblement de terre... Et, cette fois encore, ses médecins n'eurent pas la moindre influence sur lui, pas plus que sa « famille » polonaise. Aucun motif médical n'a grâce à ses yeux, ni ses tremblements ni ses malaises. Ni Dieu ni diable, puisqu'il considère avant tout que, s'il ne s'est pas effondré le 6 janvier, ce n'est pas grâce à la main providentielle de monseigneur Marini mais à celle de la Vierge Marie.

9

Une lettre mystérieuse à décacheter au cas où...

Journée fertile en émotions que cette visite, le 17 juin 1999, au cimetière de Cracovie où Jean-Paul II, après avoir célébré une messe dans la somptueuse cathédrale du château royal de Wawel, est allé, pour la troisième fois de son pontificat, sur la tombe de ses parents. Très ému, le souverain pontife a traversé à petits pas l'ancien cimetière où nombre de ses amis sont enterrés, pour aller prier sur le tombeau familial. Entourée de cinq vases en granit, c'est une dalle également en granit gris où sur une plaque de marbre blanc est frappé en lettres d'or KAROL. Comme souvent chez les Slaves, Jean-Paul II porte le même prénom que son père, ancien officier de l'armée austro-hongroise et de l'armée polonaise. Sur deux autres plaques sont gravés EMILIA, le prénom de sa mère, et EDMUND, celui de son frère, dont il a les traits. Après avoir embrassé le monument de pierre, le pape a posé sa main fine et tremblante sur la pierre tombale couverte de fleurs jaunes et blanches, les couleurs du Vatican, et blanches et rouges, celles de la Pologne... Au cours d'une de ces visites, un petit garçon qui était venu avec un violon d'enfant, en compagnie de ses parents, pour se recueillir sur la tombe de ses grands-parents, voyant le Saint-Père à genoux, est venu jouer à côté de lui.

Pendant cette cérémonie strictement privée, Jean-Paul II s'est recueilli de longues minutes en silence. J'ai visité le cimetière et j'ai été frappée par sa beauté architecturale. Toutes les tombes sont parfaitement entretenues et fleuries. Là, les Russes ont tenu à élever un monument à leurs soldats qui ont « libéré » Cracovie. Monument que les Polonais apprécient peu.

Contrairement à François Mitterrand, qui semblait avoir un goût prononcé pour les cimetières peut-être parce qu'ils lui parlaient d'histoire, le pape ne semble pas avoir de prédilection pour eux. Cela tient sans doute à ce qu'il regarde la mort droit dans les yeux, avec sérénité. Cette mort qu'il a vue rôder si souvent autour de lui dans un pays qui a eu six millions de victimes pendant la Seconde Guerre mondiale et lieu tragique des camps d'extermination de Sobibor, de Treblinka et d'Auschwitz. La mort est familière à Jean-Paul II. Car il a aussi perdu très jeune toute sa famille, sauf une cousine. Et il l'a frôlée lui-même à plusieurs reprises. Sans compter la quinzaine de tentatives d'assassinat prouvées (les autres sont plus fantaisistes) et déjouées parfois in extremis.

Le 16 février 1981, le pape faillit être victime d'un attentat au Pakistan ; une vingtaine de minutes avant son arrivée au stade de Karachi, une explosion s'était produite à une quarantaine de mètres de l'autel où il allait célébrer la messe. L'auteur du geste a été tué par la déflagration de la grenade qu'il portait dans sa poche.

Le 13 mai 1982 à Fatima, le souverain pontife est l'objet d'une tentative d'assassinat à l'arme blanche perpétrée par un prêtre intégriste espagnol.

Un an plus tard, à Rome, la police interpelle un de ses compatriotes muni d'un couteau qui attendait sur le parcours que devait emprunter le pape.

Quatorze mois après, un jeune Coréen armé d'un pistolet (qui s'est révélé être un jouet) avait essayé de menacer Jean-Paul II à Séoul.

Le 17 septembre 1984, lors d'une réception en son honneur à Toronto, la police interpelle un homme muni d'une invitation volée et armé d'un couteau qui attendait le souverain pontife.

Sans compter les innombrables complots préparés au Venezuela, en Autriche par les Turcs, en Côte d'Ivoire et même, dit-on, en Pologne où le général Zenon Platek, chargé des cultes au ministère de l'Intérieur, a révélé qu'une tentative d'attentat avait été déjouée, information démentie par la suite... De nombreux déséquilibrés ont essayé d'approcher le pape aussi bien au Vatican que lors de ses déplacements. Au cours de ses voyages pastoraux hors d'Italie, d'innombrables menaces de mort ont été adressées au chef de l'Église catholique avant son arrivée. Mais tout cela, Jean-Paul II veut l'ignorer. « J'éprouve, dit-il, une grande paix quand je pense au moment où le Seigneur m'appellera. À l'heure de ma mort, appelle-moi et ordonne-moi de venir à Toi. »

La mort, cette rencontre suprême avec Dieu, ne lui

fait pas peur. « Toutes les précautions sont vaines, dit-il, dès que je sors vêtu de blanc, je suis une cible immanquable. » Il ne craint pas plus la vieillesse. N'a-t-il pas confié, à quelques jours de son quatre-vingtième anniversaire, à Fatima : « La vieillesse n'est pas la dernière parole ni la dernière saison, il ne faut jamais cesser d'être en première ligne lorsqu'on se sent vieux dans son corps et dans son esprit, éprouvé par la maladie ou la souffrance. Si tu connais l'amour éternel qui t'a créé tu es aussi conscient que tu as une âme qui elle aussi est immortelle. La vie comporte plusieurs saisons et l'hiver n'est pas la dernière parce que la dernière sera le printemps. Le printemps de la Résurrection. Ta vie dans son ensemble ne se limite pas aux confins de la Terre, il est aussi prévu le Ciel... » Cet optimisme, cette foi inébranlable, le pasteur de l'Église universelle veut, au travers de ce message aux personnes âgées, les faire partager à toutes ses brebis. Comme l'explique le secrétaire du Conseil pontifical pour les laïcs, monseigneur Stanislaw Rylko : « Le pape vit ses quatre fois vingt ans avec un grand naturel. Il ne craint pas de montrer à tous les limites et la fragilité causées par l'âge, et ne fait rien pour les cacher. Il regarde loin dans l'avenir avec l'enthousiasme de l'unique jeunesse qui ne passe pas, celle de l'esprit. Il la garde intacte. »

Dans sa *Lettre aux personnes âgées*, publiée le 1er octobre 1999, le souverain pontife lance un appel en faveur d'« une vieillesse accueillie et valorisée et non reléguée au ban de la société ». Ainsi souligne-t-il que dans certaines régions, en particulier en Afrique, « les vieillards sont considérés à bon escient comme des bibliothèques vivantes ». Il condamne également avec fermeté l'euthanasie, « considérée comme la “ mort douce ” qui a perdu peu à peu pour beaucoup de gens la connotation d'horreur qu'elle doit naturellement susciter lorsqu'on est sensible au respect de la vie ». Il rappelle en revanche que la morale permet de renoncer à ce qu'on appelle l'acharnement thérapeutique et qu'elle réclame de seulement prodiguer les soins qui entrent dans les normes de l'assistance médicale. Comme toujours, il parle avec clarté et vérité, conscient de s'adresser en particulier aux gens de sa génération, en leur donnant aussi l'exemple de sa foi agissante. « Je conserve le goût de la vie malgré les limitations qui surviennent avec l'âge. »

Qu'est-il prévu au Vatican en cas de mort subite du pape ? Scénario qui, au fil des ans, alimente de plus en plus souvent les conversations romaines. Il n'existe pas de rituel de transmission des pouvoirs du Saint-Père. Tout est structuré autour de la seule personne du souverain pontife. Ce qu'on mesure d'ailleurs quotidiennement dans la vie du Vatican actuel. Rien ne peut bouger, aucune décision importante ne peut être prise sans l'accord de Jean-Paul II. Tout juste peut-on expédier les affaires courantes.

En cas de décès subit du Saint-Père, la Constitution *Summi Pontificis electis* prévoit que les cardinaux ayant moins de quatre-vingts ans se réunissent dans un délai de quinze jours. Ils ne peuvent être plus de cent vingt. Cette assemblée, qui porte le nom de

« conclave », doit avoir lieu dans les murs du Vatican où un bâtiment baptisé Domus Santae Marthae vient d'être spécialement construit à cet effet. Les cardinaux en conclave ne doivent avoir aucun contact avec le monde extérieur. Le vote, à bulletins secrets, a lieu dans la chapelle Sixtine. La majorité nécessaire pour l'élection du nouveau pape est de deux tiers des suffrages plus une voix. Autrefois, les bulletins de vote étaient brûlés. Depuis Jean XXIII, ils sont conservés secrètement aux archives vaticanes. L'élection du pape est signalée à la foule qui stationne place Saint-Pierre par une fumée blanche, obtenue par l'incinération d'un feu de paille. Si le vote n'a pas été concluant, la paille est mouillée et la fumée noire. L'Église moderne emploie, à cet effet, des poudres pyrotechniques. Le cardinal secrétaire d'État Sodano, c'est-à-dire le Premier ministre du pape, sera très vite happé par le conclave. Il laissera alors le substitut, monseigneur Leonardo Sandri, c'est-à-dire le secrétaire général du Vatican, et monseigneur Tauran, le ministre des Affaires étrangères, suivre les dossiers jusqu'à la proclamation d'un nouveau pape. Ces deux éminents prélats de la curie ne peuvent évidemment exercer de pouvoirs doctrinaux ni ordonner des évêques.

Et si le pape décidait de démissionner ? Spéculation régulièrement relancée dans les médias. D'abord, le Saint-Siège n'emploierait pas le terme brutal de « démission » mais, selon le vocabulaire ecclésiastique, celui de « renonciation volontaire ». Une démission doit en effet se présenter à un supérieur, et le pape n'en a pas sur cette Terre. Il n'existe là-dessus d'autre règle écrite que l'article 332 du droit canon qui stipule que, pour être valable, l'acte de renonciation d'un pape doit être fait librement et dûment manifesté. Ce scénario de démission est parfois évoqué dans les cercles vaticanistes et a été même exprimé dans la très sérieuse *Stampa* du 10 janvier 2000 par l'écrivain catholique Vittorio Messori, auteur d'un livre d'entretiens avec le pape. Il laisse entendre que celui-ci est « déchiré » intérieurement et serait tenté de se retirer dans un monastère polonais. Mais rien ne vient étayer ces suppositions. De son côté, monseigneur Karl Lehmann, président des évêques allemands, a déclaré, également en janvier dernier. « Je fais personnellement confiance au pape pour avoir la force et le courage de dire au cas où il aurait le sentiment de ne plus être capable de diriger l'Église : “ Je n'y arrive plus. ” » Les médias italiens ont présenté ces propos comme un appel à la démission de Jean-Paul II, ce que dément monseigneur Lehmann. Cette rumeur est très peu vraisemblable. À quatre-vingts ans passés, plusieurs projets, nous l'avons dit, tiennent à cœur à Jean-Paul II. Avec la foi inébranlable qu'on lui connaît, il ne se retirera pas avant de les avoir réalisés ou fait avancer.

Il faut noter que si, selon la règle introduite par Paul VI, les évêques diocésains doivent présenter à soixante-quinze ans leur démission au pape (qui peut la refuser), l'évêque de Rome n'est pas tenu par cette règle : Jean XXIII a été élu pape à soixante-dix-sept ans.

Sur les deux cent soixante-trois prédécesseurs de Jean-Paul II, seuls cinq ont laissé leur charge dont le dernier, Grégoire XII, en 1415. Paul VI avait évoqué sa démission pour raison de santé, sans toutefois s'y résoudre.

On chuchote aussi à Rome que le pape aurait, il y a quelque temps, remis au cardinal Sodano une lettre de renonciation à décacheter en cas d'incapacité. Comme si le Saint-Père redoutait qu'en cas de défaillance de ses facultés mentales il soit incapable de s'en rendre compte par lui-même et s'en remettait donc à l'avis de l'Église. Quoi qu'il en soit, le Code de droit canonique ne prévoit pas qu'un organisme de l'Église se prononce sur cette très délicate question et évalue le degré d'incapacité du pape. On est là dans le champ des plus pures spéculations qu'encourage le lent déclin de la santé de Jean-Paul II et l'absence de dispositions institutionnelles là-dessus. Il n'est prévu aucune procédure d'« empêchement » à l'américaine. La plupart des papes ont régné jusqu'à un âge avancé, le respect qu'on leur portait interdisant généralement aux cardinaux de s'émouvoir de leur sénilité. Le droit canon précise que la cessation d'activité du pape intervient seulement et uniquement par la mort. Néanmoins, indique le Code, « peut être comparée à la mort la folie certaine et perpétuelle » qui doit être constatée par un collège de médecins. On imagine combien, dans un pays où le pape est adoré, il serait difficile de réunir un collège de professeurs qui oseraient poser le délicat diagnostic de la folie. Quoi qu'il en soit, mort, démission ou constatation de folie, se déclencherait immédiatement le mécanisme du « siège vacant » et du conclave. Le Collège des cardinaux, dont le doyen est le Béninois Bernardin Gantin, assurerait les affaires administratives courantes.

Le pape peut-il faire un testament ? Il laisse ses volontés rédigées de sa propre main et cachetées de son sceau de cire rouge aux armes pontificales. L'avant-dernier pape, Paul VI, qui mourut le 6 août 1978, après quinze ans et quarante-six jours de règne, fit successivement deux testaments, un premier le 16 décembre 1972, auquel il ajouta, le 14 juillet 1973, une note supplémentaire. Voici les lignes principales de ces deux testaments :

« *In nomine Patris et Spiritus Sancti. Amen.* Je fixe mon regard vers le mystère de la mort et de la lumière du Christ qui lui aussi l'a vécue et ainsi avec humilité et sérénité... je bénis le vainqueur de la mort pour avoir fui les ténèbres et pour m'avoir révélé la lumière éternelle. Ainsi, au-delà de la mort, définitivement et totalement détaché de la vie, il est néanmoins de mon devoir de m'occuper des dons de la fortune, de la beauté et des biens qui me viennent d'une existence fugace. Je remercie tous ceux qui m'ont fait du bien. Je demande pardon à ceux à qui j'aurais pu faire du mal ou que j'aurais pu offenser et je m'en remets à la paix du Seigneur... Je salue mes très chers frères Ludovico et Francesco et toute ma famille proche et éloignée, et mes amis en les remerciant d'avoir accepté mon ministère. Je remercie tous mes collaborateurs et particulièrement la secrétairerie d'État. Je bénis chaleureusement tout spécialement Brescia, Milan, Rome et tout ce qui touche le Saint-Siège. Je laisse le soin à mon secrétaire particulier, le très cher don Pasquale Macchi, de disposer de mes biens personnels au profit des œuvres [la liste était établie dans une note à part] et de remettre mes souvenirs personnels, livres et objets m'ayant appartenu à des personnes qui me sont chères. Je ne souhaite aucune tombe spéciale, ni aucun monument. Je veux un enterrement très simple et juste des prières pour que Dieu m'accorde Sa Miséricorde. À tous voici ma bénédiction au nom du Père. Castel Gandolfo, le 16 décembre 1972 à 7 h 30 et le 14 juillet 1973. »

Ce testament très sobre, plus moral que matériel, et d'un grand dépouillement fut porté à la connaissance de sa famille et à celle de la Congrégation générale des cardinaux. Ses dernières volontés sont restées jusqu'à son dernier soupir entre les mains de son secrétaire particulier dont il avait aussi fait son exécuteur testamentaire. Monseigneur Macchi a déposé ce testament et les documents personnels de Paul VI à l'institut Paul-VI à Brescia, dont il s'occupe toujours activement. Jean-Paul Ier ne laissa pas de testament ; son ministère de trente-trois jours ne lui donna pas le temps d'en rédiger un.

D'autres souverains pontifes ne léguèrent leurs biens ni à l'Église ni aux œuvres mais tout simplement à leur famille. Ce fut le cas des papes princes de la Renaissance, qui avaient une cour, une famille très étendue, donc de multiples héritiers et surtout des palais admirables, témoignages prestigieux de très nobles dynasties qui les possèdent encore intacts aujourd'hui. Ils comportent souvent de très belles chapelles où l'on dit toujours régulièrement la messe et où se célèbrent les baptêmes, mariages et enterrements des princes propriétaires. On peut voir généralement dans leurs somptueuses entrées un haut baldaquin pourpre aux armes pontificales. Le prince Alessandro Farnèse, qui devint Paul III, laissa le palais Farnèse (qui abrite aujourd'hui l'ambassade de France) ; Ugo Boncompagni, qui devint Grégoire XIII, légua à ses héritiers le plus grand domaine privé en plein centre de Rome, à deux pas de la via Veneto, la villa Aurora, que possède aujourd'hui son héritier en ligne directe (avant son élection, le pape avait eu un enfant), le prince Nicolo Boncompagni Ludovisi, Ippolito Aldobrandini, qui devint Clément VIII, laissa la villa Frascati et le célèbre vignoble du même nom ; Camillo Borghèse, qui devint Paul V, a laissé deux immenses palais en plein centre-ville ; Maffeo Barberini, futur Urbain VIII, a aussi construit un palais au cœur de Rome ; Giambattista Pamphili, qui devint Innocent X, a légué un palais qui comprend une galerie des glaces aussi impressionnante que celle de Versailles, avec une collection de peintures qui contient le célébrissime portrait du pape Innocent X par Vélasquez, et un pâté de maisons de plus de cent cinquante appartements ; Fabio Chigi, qui fut Alexandre VII, légua un palais qui abrite aujourd'hui la Chambre des députés ; Benedetto Odescalchi, futur Innocent XI, a construit un palais cinq fois grand comme l'Élysée au cœur de la Ville éternelle et

Lorenzo Corsini, futur Clément XII, le palais Corsini, à Florence, appartenant toujours à la famille d'origine et qui est le théâtre des plus beaux défilés de mode italiens.

Il reste ainsi une bonne cinquantaine de palais toujours entre les mains des descendants des princes des Apôtres. Cette illustre et prestigieuse noblesse papale, appelée la « noblesse noire », cultive la discrétion et regarde parfois avec condescendance le reste de l'aristocratie, fût-elle la famille royale anglaise. Elle pense aussi qu'elle symbolise la continuité entre la Rome glorieuse de César et la Rome universelle de la papauté. Ces papes flamboyants ont parfois érigé leurs imposants domaines sur les vestiges de l'antique Rome, adossant leurs palais à des murs très anciens ou à des colonnes disloquées. Le palais Massimo alle Colonne, toujours dans la famille des princes Massimo, la plus ancienne famille romaine, a été ainsi bâti sur les ruines de l'Odéon de l'empereur Domitien. Ces palais éblouissants, enrichis de Vélasquez, Carrache, Poussin, Caravage... sont les témoignages d'une époque où il n'y avait qu'une frontière symbolique aussi mince qu'une hostie entre la noblesse et le haut clergé. Ils sont aussi le résultat de ce qu'on a appelé le « népotisme », mot forgé d'après *nipote*, qui signifie « neveu » en italien. Comme le souligne le prince Jonathan Doria Pamphili, héritier d'Innocent X, « autrefois, les souverains pontifes nommaient leurs neveux cardinaux et leurs permettaient d'acheter des terres, de bâtir des églises et d'extraordinaires palais où, d'un ecclésiastique à l'autre, on rivalisait de luxe et de raffinement ». Le prince Boncompagni Ludovisi, héritier de Grégoire XIII et de son palais, souligne : « Nous avons tant reçu à la naissance que notre devoir est de conserver ce patrimoine à travers les générations et d'en assurer la pérennité. Il appartient autant à l'histoire de la papauté qu'à celle de notre famille. »

Rien de tel évidemment avec les modestes biens personnels de Jean-Paul II. Il possède de nombreuses montres, dont même une fausse Rolex, qui lui a été donnée par des pèlerins, et une autre montre suisse très originale en or offerte par des Américains d'origine polonaise faite spécialement pour lui, dont les chiffres sont les douze lettres de ses nom et prénom, de précieux boutons de manchette, quelques croix pectorales en or, autant d'anneaux pastoraux (sans pierres précieuses, bien sûr) et des livres... Il n'a pas de fortune personnelle. D'ailleurs, confie l'un de ses amis polonais, quand il était évêque, il n'avait jamais un sou sur lui car il n'avait pas de besoins. Jean-Paul II, comme le raconte le cardinal Deskur, n'attache aucune importance aux choses matérielles, pas plus qu'à ce qu'il a dans son assiette. Ainsi, croyant aux symboles puisqu'il a déjà offert des objets personnels à deux sanctuaires mariaux, laissera-t-il sans doute ses modestes biens, ses souvenirs à sa « famille de cœur », ses Polonais...

D'après un membre influent de la curie romaine, à chaque fois qu'il voyage ou entre à la polyclinique Gemelli de Rome (il y a déjà passé cent trente-six jours), Jean-Paul II remet, avant de partir, au cardinal

Gantin, doyen du Sacré Collège, une enveloppe blanche fermée et cachetée au dos de son sceau où le M est bien en évidence, avec, à l'intérieur, une missive sans surprise très protocolaire et officielle lui demandant d'assurer provisoirement l'administration ordinaire de l'Église en prenant juste les initiatives urgentes et indispensables. L'autre lettre, la plus importante, c'est-à-dire son testament personnel et journal de l'âme, le très précieux document contenant ses ultimes volontés secrètes, serait, elle, entre les mains de monseigneur Dziwisz, celui auquel il répète régulièrement sa conviction de foi : « À la mort, la vie n'est pas détruite, elle est transformée. » C'est une longue existence qu'espèrent pour lui des milliers de pèlerins polonais qui, venus assister dans la basilique Saint-Pierre à la messe de ses quatre-vingts ans qu'il a concélébrée le jeudi 18 mai 2000 entouré de prêtres du monde entier, lui ont chanté le traditionnel *Stolat* et souhaité dans sa langue maternelle de vivre « cent ans ».

10

Pékin et Moscou, ses derniers défis

Voir l'an 2000 et célébrer à Rome le jubilé de l'année sainte, c'était la grande espérance de Jean-Paul II.

Ce vœu est accompli.

Comme s'il sentait la Providence avec lui, le Saint-Père nourrit maintenant des projets grandioses : la réconciliation de l'Église catholique avec les Églises orthodoxes et la réunification des deux Églises catholiques de Chine, l'officielle et la clandestine.

Ce furent depuis toujours ses deux grandes ambitions, avec le voyage en Israël. Ce sont aussi aujourd'hui des défis à son âge. Défis qui ne paraissent pas si déraisonnables si l'on en croit son entourage médical. Il n'y a pas de raison pour que le pape ne puisse survivre encore longtemps. Selon les spécialistes de la polyclinique Gemelli, son cœur et ses artères sont en bon état pour un homme de quatre-vingts ans. Enfin, le pape n'a pas le teint cireux et toujours pas besoin de lunettes ni de prothèse auditive : il entend très bien (sauf lorsqu'il ne veut pas entendre).

Il faudra que Dieu lui prête encore plusieurs années

de vie pour que le Saint-Père mène à bien ses projets œcuméniques aujourd'hui si importants pour lui. Même épuisé, il trouve toujours un rendez-vous pour un prêtre venant de Russie. Car la réconciliation avec les Églises orthodoxes ne semble pas pour demain. Au cours de sa visite, le 6 juin 2000 au Vatican, le président russe Vladimir Poutine n'a pas renouvelé l'invitation à Moscou qu'avait faite au pape son prédécesseur, Boris Eltsine. Ce voyage était pourtant l'un des grands rêves de Jean-Paul II.

La vraie raison de la réticence de Vladimir Poutine est l'opposition du patriarche de Moscou, Alexeï II, à ce voyage du pape. Et si parfois le patriarche laisse entendre, comme le 4 juin 2000, devant la presse russe qu'il serait envisageable dans l'avenir, il s'attire aussitôt les protestations du saint-synode (collège des évêques orthodoxes russes). Et le pape, s'il était invité par le président russe, ne se rendrait sans doute pas à Moscou sans l'accord explicite du saint-synode. Dans une interview récente, Vladimir Poutine a d'ailleurs précisé : « Si le pape venait à Moscou sans rencontrer le patriarche, ce serait un scandale. À quoi bon pour nous une visite sur fond de scandale. Cela ne contribuerait pas au rapprochement de nos positions. Le pape est un homme intelligent. Il comprend tout très bien. » Deux tentatives de faire se rencontrer Jean-Paul II et Alexeï II ont déjà échoué lors des voyages du Saint-Père en Hongrie en septembre 1996, et un autre déplacement a été annulé à Vienne en juin 1997.

Alors que le pape se rend à Cuba et en Israël, cette

« interdiction de séjour » dans un grand pays chrétien paraît extraordinaire, dit-on au Saint-Siège. Faut-il croire que les conflits entre frères sont les plus insolubles ? Les raisons en sont à la fois politiques, culturelles et dogmatiques.

Ce qui sépare les deux Églises remonte à près de mille ans et serait difficilement compris des fidèles aujourd'hui. Elles se sont affrontées sur la « procession » du Saint-Esprit. Selon Rome, le Saint-Esprit procède du Père et du Fils. Selon Constantinople, du Père seul. C'est la fameuse querelle du *Filioque*. D'où anathèmes réciproques de Rome et de Constantinople en 1054. De plus, les patriarches de Constantinople refusaient et refusent toujours de reconnaître la primauté de l'évêque de Rome. Des querelles sur l'existence du purgatoire s'ajoutèrent à ces dissensions. La colère des orthodoxes s'est accrue à la suite du sac de Constantinople par les croisés en 1204. Les Byzantins s'exclamèrent alors : « Plutôt le turban que la tiare ! »

Depuis l'éclatement de l'URSS et le retour à la liberté de culte, l'Église orthodoxe russe, qui a toujours été religion nationale, sous Staline (où les popes étaient de vrais serviteurs du parti) comme sous les tsars, s'estime aujourd'hui victime d'une vaste offensive des missionnaires catholiques. Autre sujet de discorde. Il est incontestable que la papauté, depuis Pie XI, essaie habilement de gagner du terrain en Russie en y renforçant une structure catholique hiérarchisée. Pie XI avait sous Staline ordonné en secret des évêques avec pour mission d'ordonner à leur tour clandestinement des prêtres catholiques. Le prosélytisme de l'Église catholique russe — qui ne compte pourtant qu'une centaine de prêtres, dont seulement une dizaine de Russes mais un million de fidèles, descendant pour la plupart de Polonais et d'Arméniens déportés par Staline — inquiète Alexeï II. Ce dernier a apporté son soutien actif à Boris Eltsine au moment de sa réélection au printemps 1996.

Jacques Chirac, lorsqu'il s'est déplacé en Russie en mai 1987 comme Premier ministre, s'était bien rendu compte de l'importance de l'Église orthodoxe car il avait tenu, sur l'insistance de l'ancien interprète du général de Gaulle en russe et en anglais, le prince Constantin Andronikof, diacre de l'Église russe de Paris et théologien, à assister avec quelques personnes, dont le journaliste Paul Guilbert et moi, à un office chanté de trois heures dans l'église de la Transfiguration à Peredelkino, près de Moscou, non loin de la tombe de Boris Pasternak.

Autre sujet de discorde, l'Église catholique russe, qui fut anéantie sous Staline, s'est vu confisquer alors nombre d'églises où les popes se sont installés. Ils rechignent aujourd'hui à les restituer.

Enfin, il y a la querelle des uniates. Vaste conflit vieux de trois siècles qu'on appréhende mal en Occident. À l'époque de la Contre-Réforme, les dirigeants catholiques d'Autriche, de Hongrie et de Pologne contraignirent certaines de leurs Églises orthodoxes à reconnaître la primauté de l'évêque de Rome. Telle est l'origine des Églises uniates, rassemblant des chrétiens orientaux de rite byzantin mais acceptant l'autorité du pape. L'Église uniate d'Ukraine, persécutée sous Staline, relève la tête aujourd'hui et elle est considérée à Moscou comme la cinquième colonne du Vatican.

Jean-Paul Ier avait tenté de contourner Alexeï II en invitant le métropolite de Leningrad, monseigneur Nicodem, un prélat assez engagé dans le dialogue avec Rome. À l'époque, où la Russie était encore communiste, il estimait que le soutien du catholicisme était indispensable aux orthodoxes. Il l'avait confié au cardinal König, président du Conseil pontifical pour le dialogue avec les non-croyants : « Sans vous, nous sommes perdus. » Malheureusement, souvenir aussi macabre que spectaculaire, il s'effondra, foudroyé par une crise cardiaque au cours de l'audience que Jean-Paul Ier lui avait accordée le 5 septembre 1978. Plus tard, Jean-Paul II commenta : « Il est mort trop tôt ou je suis devenu pape trop tard. » Le sort s'acharnait.

Alexeï II, soixante et onze ans, qui est patriarche de Moscou depuis dix ans après avoir été métropolite de Leningrad, tient toujours tête à Jean-Paul II. Il est appuyé aujourd'hui par le gouvernement russe. L'Église orthodoxe est en effet un élément précieux de stabilité dans un pays où l'État est chancelant et l'administration en lambeaux. Vladimir Poutine, qui, dès son intronisation, s'est dit croyant et pratiquant, avait alors affirmé que l'Église orthodoxe devait retrouver sa mission traditionnelle de stabilité et d'unification des Russes autour de priorités morales communes ; il assiste volontiers aux cérémonies religieuses. Eltsine s'était presque converti, surtout à la suite de son quintuple pontage en

1997, et il avait fait baptiser ses cinq petits-enfants. Comme le disait l'ancien ambassadeur de Russie au Saint-Siège, Viacheslav Kostilov : « La sensibilité religieuse de Boris ne faisait que croître et Dieu s'est peut-être installé en lui. » Autre geste significatif de la faveur officielle dont jouit l'Église orthodoxe, le maire de Moscou, après s'être fait lui aussi baptiser, a ordonné, au milieu des années 90, la reconstruction de la cathédrale du Saint-Sauveur, la plus grande cathédrale russe, qui fut dynamitée sur l'ordre de Staline en 1931. La dorure de l'imposante coupole de la capitale a exigé pas moins de cinquante kilos de feuilles d'or fin.

Alexeï II, ce patriarche imposant, coiffé d'une riche tiare et appuyé sur sa crosse au pommeau en forme de serpent, est assailli en permanence par un flot d'évêques et de moines aussi âgés que barbus qui pourfendent l'œcuménisme, cette idée malsaine venue d'Occident. Ils s'appuient sur la force de leur Église avec ses 128 diocèses, ses 17 500 prêtres, ses 2 300 diacres et ses 480 monastères. Ils voudraient ressusciter le vieux messianisme russe et refaire de Moscou la troisième Rome (la deuxième ayant été Constantinople). Ils ne font rien pour faciliter les contacts avec le Vatican. Un important prélat du Saint-Siège s'est plaint devant moi que, lorsqu'il était — rarement — reçu à Moscou, c'était toujours en plein hiver, par – 25 °C, ce qui déstabilise naturellement qui est habitué au climat tempéré de Rome. D'ailleurs, avouait-il, « j'étais tellement gelé que je pouvais à peine parler ».

En août dernier, le patriarche de Moscou a confirmé dans une conférence de presse qu'une rencontre avec le pape ne serait possible que si étaient résolus deux grands problèmes : celui du prosélytisme du catholicisme en Russie et la persécution des orthodoxes par les gréco-catholiques de l'Ukraine occidentale.

Jean-Paul II, de son côté, a probablement commis des erreurs tactiques. Par exemple en reconnaissant, avant tous les autres États, la Slovénie et la Croatie catholiques. Il s'est ainsi fait honnir non seulement des Serbes mais aussi des autres pays orthodoxes comme la Grèce, la Roumanie et bien sûr la Russie. Il n'a certes pas reconquis leurs bonnes grâces en béatifiant, à Zagreb, en 1998, le cardinal Stepinac que les communistes accusaient d'avoir été complice des Oustachi pronazis pendant la guerre. Ce qui n'est pas exact, comme en témoignent les vingt mille pages du procès en béatification.

Ajoutons enfin que les Églises orthodoxes, qui sont relativement pauvres, parfois même agonisantes financièrement, sont jalouses de l'Église de Rome qui leur paraît si flamboyante.

Une carte sur laquelle compte cependant Jean-Paul II, c'est celle du cardinal Christoph Schönborn, archevêque de Vienne, grand spécialiste des Églises orthodoxes puisqu'il exerce son ministère aux portes de l'Orient et qu'il a conservé de nombreux contacts avec elles. Il rencontre discrètement et régulièrement les patriarches orthodoxes. Le pape espère que grâce à lui les pourparlers avec les « frères égarés » pourront être relancés. J'ai pu voir ensemble le pape et l'archevêque à Vienne en 1998 et j'ai été frappée par leur air de complicité : le pape regardait le jeune cardinal avec une affection et une confiance visibles et touchantes. Il est allié au comte de Paris et compte déjà deux cardinaux parmi ses ancêtres. Sa famille est de celles qui ont façonné la Mitteleuropa. Schönborn est entré très tôt chez les Dominicains (quand il va à Rome, il réside toujours dans le collège des Dominicaines de la via Cassia), avant de se faire remarquer par Jean-Paul II, en particulier pour sa connaissance des Églises orientales. Le pape l'apprécie pour ses qualités intellectuelles et lui avait même demandé de prêcher son carême personnel en 1996 (un privilège très envié au sein du Sacré Collège). Il est pourtant, avec ses façons déliées et son esprit très universitaire, d'un style différent de celui de Jean-Paul II. Slave plus rude, le pape voit cependant en lui le prophétique ambassadeur de Dieu, celui qui pourra — peut-être seulement après sa disparition — rétablir les liens entre les Églises divisées.

Dans l'espoir de provoquer une rencontre entre le Saint-Père et Alexeï II, l'archevêque de Turin, monseigneur Severino Poletto, s'est rendu en mars dernier à Moscou, accompagné d'une délégation de son évêché. Il a rencontré le patriarche et l'a invité à venir à Turin pour voir le saint suaire.

De son côté, le Saint-Père a tout essayé auprès d'autres patriarches orthodoxes. Le premier sollicité fut Bartholomeos Ier, le patriarche de Constantinople, à qui Rome reconnaît la primauté historique de l'orthodoxie.

Ce que conteste l'Église orthodoxe russe. « Le patriarche de Constantinople n'a plus que deux cent mille fidèles, proteste Alexeï II, tandis que j'en ai soixante-dix millions. » Le patriarche russe reproche aussi à Bartholomeos Ier d'avoir été largement financé par de riches armateurs dont Aristote Onassis, qui, parmi d'autres cadeaux, lui prêtait régulièrement un avion banalisé d'Olympic Airways.

Le Vatican, qui lui a déjà offert ses études au Séminaire français de Rome, le reçoit avec honneur et le couvre de dons. Jean-Paul II le traite très courtoisement. Mais ces bons procédés n'ouvrent sur rien de bien concret et ne servent qu'à exaspérer Alexeï II. De plus, Bartholomeos Ier a pris récemment ses distances et est allé jusqu'à mettre en cause la « conception sommaire » de la papauté ainsi que le « pesant » centralisme du Vatican, qu'il a opposé à la souplesse de l'orthodoxie. Bartholomeos Ier n'est guère persona grata en dehors de Rome, car il laisse souvent de fortes ardoises, jusqu'à Monaco. Toutefois, le président Chirac, toujours très respectueux des autorités religieuses, s'est fendu devant lui d'une profonde révérence alors qu'il le recevait en novembre 1995 à l'Élysée. Le patriarche a aussi été accueilli à Paris par le cardinal Lustiger, qui a célébré pour la première fois les vêpres orthodoxes à Notre-Dame. Auparavant, Bartholomeos Ier avait marqué le centenaire de la cathédrale grecque Saint-Stéphane de Paris par une cérémonie solennelle qui dura cinq heures. Les trois mille fidèles grecs qu'il compte à Marseille le reçurent dans les honneurs. Ces festivités n'ont inspiré aucune sympathie à Moscou. J'ai eu en mars 1993, au cours d'un dîner privé à Salzbourg, un long entretien avec le patriarche de Constantinople. Il était là incognito et je n'ai su qui il était que lorsqu'il a quitté son manteau et que j'ai aperçu sur sa poitrine sa magnifique icône flamboyante couverte de pierres précieuses. Je semblais si étonnée qu'il s'est finalement présenté. Je lui ai demandé ce qu'il était venu faire en Autriche et il m'a expliqué que son voyage avait pour but non seulement de prendre contact avec les communautés orthodoxes autrichienne et hongroise mais de poser des jalons dans ce pays où l'on pouvait depuis peu (la chute du mur de Berlin) pratiquer la religion de son choix et qu'il s'était arrêté pour aller prier sur la tombe de Herbert von Karajan. Puis l'homme en noir m'a tendu sa carte de visite sur laquelle est inscrit : « S. H. Patriarch Bartholomeos, Rum Patrikhanesi, 34220 H. Fener, Istanbul, Türkei ». J'étais médusée qu'un tel personnage ait ce genre de geste. Imaginez le pape me glissant sa carte de visite. Il partait le lendemain en avion privé, prêté par le riche industriel grec Dimitri Pappas, pour Budapest. Le métropolite orthodoxe de Vienne l'accompagnait. Quand je lui ai dit que j'étais catholique, il m'a fait de grands éloges du pape (dans un français parfait, car il parle sept langues, comme le Saint-Père) et de l'œcuménisme tout en me laissant entendre qu'en Hongrie l'orthodoxie qu'il représentait était ouvertement en concurrence avec le catholicisme et qu'il lui fallait aller vite.

Comme me l'a fait remarquer, philosophe, peu avant

MatchDocument

uverain pontife et Caroline Pigozzi, grand reporter à Paris Matc

Mgr Dziwisz n'a pa
en a tous les passe

›, structure officielle du gouvernement de l'Eglise, il gère
écieux agenda de box pourpre de l'évêque de Rome. Il i
:, filtrage oblige, tous les appels sur la ligne privée du Pap
ent sur son poste téléphonique situé dans une pièce voisi
›ureau. C'est lui qui décide avec le Saint-Père, selon des cri
chappent au commun des mortels, des invitations pour la n
ıale dans la chapelle privée. Ce qui donne au Pape l'occasi
›ntrer des personnes parfois très simples, sans le pesant cor
esponsables de la secrétairerie d'Etat et de la maison ponti
;ée en théorie de suivre toutes les demandes… Mgr Stani
'a d'autre ambition que celle de servir le Pape, est le seul
ıge avec lequel Jean-Paul II dîne et regarde de temps à au
ısion. Il est l'homme qui a partagé les moments les plus s
; plus difficiles de son existence. Son pire souvenir est
elui du mercredi maudit, le 13 mai 1981, place Saint-P
était placé juste derrière Karol Wojtyla à l'arrière de la T
:he. A 17 h 21, le Pape, atteint par deux des quatre l
par Ali Agça, s'effondra littéralement dans ses bras. Il

sa mort, monseigneur Jean-François Arrighi, qui fut longtemps au secrétariat du Conseil pontifical pour l'unité des Chrétiens : « On ne restaure pas en un pontificat des siècles de discorde, même avec des ambassadeurs plus ou moins officiels et de grand talent. » Il voulait sans doute parler non seulement du cardinal Schönborn, mais aussi du cardinal français Roger Etchegaray, qui a joué plusieurs fois auprès de l'orthodoxie le rôle d'envoyé itinérant du pape (comme il l'a récemment fait, avec plus de succès, en Israël).

Le voyage du Saint-Père en Roumanie en mai 1999 ne produisit guère plus de résultats. Il avait été invité à Bucarest par le patriarche de l'Église orthodoxe roumaine, Sa Béatitude Teoctist, un homme très contesté pour s'être compromis avec le régime communiste de Ceausescu. Ce fut toutefois un grand succès populaire. Deux cent mille personnes assistèrent à la messe célébrée par Jean-Paul II en plein air devant le délirant palais du dictateur défunt. La foule brandissait des portraits du pape et de Sa Béatitude et agitait des petits drapeaux jaune et blanc. Les jeunes se pressaient pour voir « celui qui a fait tomber le mur ». Mais beaucoup faisaient remarquer qu'ils priaient pour que le pape « revienne à la vraie foi ».

Jean-Paul II devait recevoir un camouflet lorsque le gouvernement de Bucarest lui refusa d'aller en Transylvanie, où les uniates sont nombreux. Là non plus, les catholiques orientaux qui lui obéissent n'arrivent pas à récupérer leurs églises confisquées par Ceausescu. De plus, ils sont d'origine hongroise.

En Géorgie, où Jean-Paul II s'est rendu dix mois plus tard, en novembre 1999, le bilan fut maigre. La messe pontificale célébrée à Tbilissi s'est, à la demande du patriarcat, tenue dans un édifice fermé et non sur une place de la ville. Le patriarche Ilia II, présent à deux cérémonies, s'est bien gardé de jamais prononcer le mot d'« œcuménisme » alors que le pape lançait un appel à l'unité de tous les chrétiens. Aucune prière commune n'a été possible entre l'héritier de l'apôtre Pierre et celui de l'apôtre André, frère de Pierre, qui selon la tradition locale aurait évangélisé la Géorgie. C'est le président de la Géorgie, Edouard Chevarnadze, grand admirateur de Jean-Paul II, qui avait obligé Ilia II à le recevoir. D'où, parmi d'autres raisons, la froideur de l'accueil. Comme l'a souligné le pape à l'un de ses proches qui me l'a rapporté : « Les gouvernements me font plus les yeux doux que les popes. » Il a rétorqué aussi à un ministre russe qui lui disait en guise d'accueil : « Le Christ est ressuscité !

— Je préférerais qu'on m'attende en priorité dans les églises plutôt que dans les palais. »

Dernier affront subi par Jean-Paul II de la part des orthodoxes : au cours de son voyage au Caire, en mars 2000, le pape Chenouda III, patriarche de six millions de coptes orthodoxes, et le Saint-Père, tout en se prodiguant des marques d'estime et en échangeant avec des mines confites croix copte contre croix latine, n'ont abordé aucun des sujets qui les séparent, de l'existence du purgatoire à la « procession » du Saint-Esprit. Le fossé le plus grand étant toujours l'importante question de la primauté de l'évêque de Rome. Les coptes, évangélisés par l'apôtre Marc, ne voient pas pourquoi ils devraient obéir au successeur d'un autre apôtre, Pierre. D'ailleurs, le Comité Vatican-Église copte, instauré pour aplanir les divergences doctrinales, ne s'est pas réuni depuis dix ans. Le cheikh de l'université musulmane Al Azhar a été beaucoup plus aimable avec le pape, qu'il a reçu solennellement au milieu d'une imposante assemblée de professeurs.

Suprême vexation pour le souverain pontife, les moines orthodoxes du célèbre monastère Sainte-Catherine, sur le mont Sinaï, l'ont accueilli sans enthousiasme, et c'est une litote. Tout de noir vêtus, avec leurs impressionnantes barbes et leur air ombrageux, la dizaine de moines présents, guidés par leur supérieur, s'étaient regroupés dans un coin, à quelques mètres à peine du lieu de la cérémonie, discutant entre eux comme si rien ne se passait alentour alors que Jean-Paul II présidait une cérémonie religieuse en présence de quelques milliers de fidèles. Dans son discours, monseigneur Damianos a exhorté le pape « à revenir en toute humilité à la vraie foi ». Les moines sont tout le temps restés à l'écart pendant que le pape et sa suite priaient à voix haute. Mais il faut noter que c'est la coutume depuis la séparation des deux Églises.

Jean-Paul II, comme toujours fin diplomate, joue cependant avec habileté des divisions internes qu'entretiennent entre elles toutes ces Églises orthodoxes. Ce combat difficile et pastoral qui entraîne des voyages épuisants le stimule aussi bien physiquement qu'intellectuellement.

Le Saint-Père sera-t-il plus heureux avec la Chine ? Depuis que Mao Tsé-toung a chassé ou emprisonné les prêtres catholiques en 1949, l'Église catholique chinoise est déchirée. Les autorités communistes ont en effet créé pour encadrer les fidèles une Église catholique officielle dont ils nomment eux-mêmes les évêques sans passer par le pape. Ils sont choisis par l'Association catholique patriotique, créée en 1957 et placée étroitement sous le contrôle du Parti.

En marge de cette Église soumise subsiste une Église souterraine, toujours fidèle au pape (et de ce fait en butte aux persécutions du régime), qui compterait, selon le Saint-Siège, huit millions de membres. Selon les associations de défense des droits de l'homme, soixante de ces catholiques « clandestins » seraient détenus en prison, dont un évêque de soixante-seize ans (en août 2000, lors des Journées mondiales de la jeunesse, alors que la Chine continentale était officiellement absente, une petite centaine d'étudiants, profitant de leurs études en Europe, se sont discrètement rendus à Rome pour participer au rassemblement). Cependant, catholiques officiels et catholiques clandestins se retrouvent ensemble aux pèlerinages du grand sanctuaire de la Vierge de She Shan qui commémore une apparition miraculeuse en 1910. Les catholiques chinois vénèrent aussi sainte Thérèse de Lisieux, patronne des missions (le même jour que la fête anniversaire de la République populaire, le 1er octobre).

Jean-Paul II travaille depuis des années à la normalisation des rapports de la papauté avec la Chine communiste. Mais les prétentions des deux parties sont difficilement conciliables. Le pape réclame, bien sûr, que les nominations d'évêques lui soient soumises. Pékin exige, au contraire, que le Saint-Siège reconnaisse d'office les évêques nommés par l'Association catholique patriotique. En prime, le Vatican est sommé de renoncer à ses relations avec Taïwan qu'il a été le premier à reconnaître.

Le négociateur de cette difficile partie chinoise est le cardinal Angelo Sodano, qui semblait jusqu'à ces derniers temps plutôt optimiste, exactement jusqu'à la nomination, le 6 janvier dernier, de cinq évêques à Pékin sans la moindre consultation du pape, au moment même où celui-ci consacrait à Rome douze évêques étrangers, l'une des cérémonies vaticanes les plus importantes et les plus spectaculaires de l'année. Tous les diplomates, tout le Sacré Collège et les corps constitués italiens sont là. La coïncidence semble voulue par Pékin dans un évident but vexatoire.

Le cardinal Angelo Sodano ne cesse pourtant de répéter à Pékin que le Vatican s'accommoderait bien d'un concordat comme celui qu'il a conclu avec le Vietnam, où les évêques sont désignés par le pape, nominations qui doivent cependant être approuvées par le gouvernement de Hanoï. Un concordat de ce genre avec le pays le plus peuplé de la planète permettrait de réunifier son Église catholique officielle et son Église clandestine. On murmure au Vatican que Jean-Paul II aurait créé un nouveau cardinal chinois *in pectore*. Selon une ancienne tradition, les papes peuvent nommer des cardinaux dont ils gardent les noms secrets, en général pour des raisons politiques, leur évitant ainsi des représailles dans leur pays. Si la situation change, le souverain pontife les révélera et leur ancienneté remontera au jour de la nomination secrète. Certes, si le pape meurt avant de l'annoncer, personne ne pourra jamais connaître le nom de l'intéressé. Le 30 juin 1979, Jean-Paul II avait nommé un cardinal chinois *in pectore*. Douze ans plus tard, lors du consistoire du 28 juin 1991, il a révélé qu'il s'agissait de monseigneur Kung Pin-Mei Ignatius, mort récemment, à quatre-vingt-dix-neuf ans. On ne connaît évidemment pas le nom du mystérieux nouveau cardinal chinois. L'actuel évêque « officiel » de Shangai, monseigneur Jin Luxian, considéré par l'Église clandestine comme un « collabo », laisse entendre qu'il a l'oreille du pape et s'entremettrait volontiers comme ambassadeur entre Pékin et le Vatican.

Hélas ! la nomination brutale des cinq évêques par Pékin gèle à nouveau les pourparlers, et le principe d'un voyage du pape en Chine, pourtant presque acquis en 1999 à la suite de négociations secrètes, semble désormais renvoyé sine die. Le revirement des Chinois pourrait indiquer que la ligne dure du parti, qui considère l'Église catholique comme un sous-marin du capitalisme, a pour l'instant le dessus. D'autre part, les très récentes et furieuses protestations chinoises contre la canonisation par Jean-Paul II, le 1er octobre dernier, de cent vingt martyrs catholiques ayant vécu entre le XVIIe

et le XXe siècle, auxquelles vient s'ajouter l'anniversaire de la République populaire — bien que le Vatican ait regretté la coïncidence —, ne sont pas de très bon augure.

Quand on évoque ces grands défis devant Jean-Paul II, il répond, comme pour conjurer le sort : « On verra l'année prochaine, si je suis encore vivant. »

Pour ceux qui, comme moi, l'observent depuis des années, ce qui est frappant chez cet homme hors du commun, c'est sa capacité de rebondir, son enthousiasme communicatif. On le croit fatigué et même épuisé et puis il vous lance une phrase stimulante et imprévue. Quelque chose d'extraordinaire et d'inexplicable se dégage de sa présence. Moi, qui l'ai vu de près et de loin, en tête à tête, en petit comité ou au milieu de foules immenses, j'ai toujours été saisie à chaque fois par une mystérieuse émotion. Dans les moments de découragement ou de doute, la fierté, la joie et la chance de pouvoir l'approcher me restituaient une force intérieure. Je suis persuadée que, ces derniers défis, il en viendra à bout comme des autres. Rien ne semble impossible à l'homme qui a renversé le mur. La meilleure preuve en est l'annonce qu'a faite son porte-parole, le 18 juillet dernier, à Combes, le petit village du Val d'Aoste où il passait une partie de ses vacances d'été. Joaquin Navarro-Valls a déclaré : « Le pape pense aller en Syrie et en Grèce, à Athènes, notamment, sur les traces de saint Paul. Mais, pour le moment, rien n'est décidé. » Il a également précisé que Jean-Paul II souhaitait toujours se rendre à Moscou. Quant à son ambassadeur itinérant, le cardinal Roger Etchegaray, il a tout récemment déclaré, évoquant les relations tendues entre Rome et Pékin : « L'Histoire montre que des solutions peuvent être trouvées sous tous les climats politiques... »

11

Merci, Saint-Père

Ce n'est pas la théologie ni le Vatican et son gouvernement de droit divin qui m'ont séduite, même si le prince de l'Église y bat monnaie, qu'on y émet des timbres et que l'on y frappe des médailles à son effigie. Ni les intrigues, ni le pouvoir immense de l'institution, ni encore les rumeurs de scandale ne m'ont captivée. D'autres ont raconté tout cela, et l'ont même romancé avec beaucoup de talent... Ce n'est pas ce qui m'a attiré ni ce que j'ai cherché à déceler ou à comprendre. Car, longtemps journaliste politique familière des lieux de pouvoir et de leurs antichambres, ces anecdotes n'avaient plus aucune raison de me fasciner. Ce que j'ai tenté de décrire, ce sont les petits et les grands gestes, les réflexes et le tempérament d'un être hors du commun, l'histoire d'un homme qui en trente-deux ans a gravi les plus hautes marches de l'Église. Au départ, je ne comprenais pas pourquoi Jean-Paul II recueillait partout tant d'applaudissements et d'ovations. Au fur et à mesure que je le connaissais mieux, j'ai découvert combien ce pape à la sérénité contagieuse était un personnage charismatique. Je crois l'avoir vu largement plus de cent fois avant de prendre la plume : dans sa chapelle privée ; dans son avion ; dans de petites églises ; à ses messes spectacles ; baptisant des bébés dans la chapelle Sixtine ; à Saint-Pierre de Rome, fêtant son jubilé sacerdotal entouré de centaines de prêtres de sa génération ; devant des milliers de pèlerins à La Havane, à Berlin, à Vienne ou à Jérusalem ; à Sainte-Anne-d'Auray comme à Paris. Jamais en sa présence je n'ai réussi à retenir une émotion qui allait parfois jusqu'aux larmes. Il m'a toujours subjuguée où que je sois, seule près de lui ou noyée dans des foules à perte de vue. Par ses mots, par ses regards, par sa force physique, par une extraordinaire alchimie. C'est après cinq années, où j'ai tout noté sur d'épais cahiers d'écoliers, face au sanctuaire de la Garoupe d'où j'entendais des cantiques s'élever vers le ciel, que je me suis lancée dans ce livre. Au fil des jours, au travers de toutes sortes d'événements officiels ou privés, j'ai tenté de percer le mystère de Karol Wojtyla. Avec mes doutes, mes enthousiasmes, mon approche féminine, ma subjectivité qui m'a peut-être rendue trop passionnelle, j'ai essayé de faire partager l'admiration que m'inspire son rayonnement. Il y a, certes, chez lui, l'aura naturelle du pape, successeur de Pierre et vicaire du Christ. Mais il y a aussi cette irradiation mystique d'un grand homme soutenu par la foi. Sa présence est telle qu'il vous donne par résonance l'impression d'être seul avec lui. Je crains toutefois de n'avoir pas complètement réussi à décrire le magnétisme qu'il dégage ; cela, il vaut mieux le vivre en direct. Le Saint-Père s'est accommodé de ma présence avec autant de générosité que de patience, faisant souvent comme si le protocole n'existait pas. Jamais je n'ai ressenti agacement et fébrilité de sa part lorsque je sortais mes gros feutres pour souligner des mots ou prendre des notes. Il s'est prêté à maintes reprises, avec une infinie courtoisie, à l'objectif du photographe qui m'accompagnait — beaucoup plus facilement que bien des stars. Tant de fois il m'a bénie que cela me donnait, j'imagine, le ressort nécessaire pour croire en ce projet. Grâce à son entourage et à la complicité sans faille de monseigneur Dziwisz, j'ai toujours pu observer de l'intérieur son mode de vie intemporel. Ainsi, redescendue sur Terre, ai-je voulu raconter l'existence ordinaire d'un héros extraordinaire.

Tant de souvenirs m'habitent, dont le plus sensible restera à jamais celui de ma première rencontre avec lui où, me fixant droit dans les yeux, de son énergique regard qui irradie une infinie bonté, il a emprisonné mes mains dans les siennes.

Cap d'Antibes
Octobre 2000

Remerciements

Je remercie Malcy Ozannat, mon éditrice, pour ses idées et ses encouragements qui m'ont sans cesse soutenue.

J'exprime ma gratitude et mes remerciements à :

Philippe de Baleine dont les lumineux conseils m'ont été très utiles dans la rédaction de ce livre,

Roger Thérond qui, le premier, m'a fait confiance pour approcher Jean-Paul II et a suivi avec une efficace amitié la réalisation de ce livre,

Alain Genestar pour le temps qu'il m'a octroyé,

Didier Rapaud pour son amicale aide iconographique,

et encore à *Paris Match*, Patrick Jarnoux, Pierre Reynes, Fernande Ricordeau, Michel Sola,

à Rome au cardinal Poupard qui m'a tracé la voie, au cardinal Deskur pour son humour, à Mgr Dziwisz qui m'a toujours accordé sa confiance,

à Bruno Bartoloni pour sa mémoire sans faille mais aussi à Arturo Mari, Sophie Pigozzi, Dennis Redmont, Joseph Vandrisse, Marjorie Week.

En Pologne au cardinal Macharski et à Marcin Krasicki pour ses qualités d'interprète, au père Sukiennik et à bon nombre d'autres religieux qui se reconnaîtront.

Enfin à Cyrille Brenot, Christian Cairoche, Anselmo Castelli, Jacques François, Hugues de Giorgis, Arlette Gonthier, Jean-Marie Guénois, Marcel Landré, Nicole Lentier, Roger Lentier, Annie Moreau, Christian Potier, Nadia Radovan, Claude Sanguszko, Cyrille Sialkowshi, Dino Vitale et, pour terminer, ma reconnaissance va à Annette Rémond pour son infinie patience dans le déchiffrage et la frappe de ce manuscrit ainsi qu'à toutes les autorités religieuses et autres personnes qui ont préféré l'anonymat.

Table

Cet ouvrage a été composé par
Graphic Hainaut (59163 Condé-sur-l'escaut)

NiL éditions
24, avenue Marceau
75381 Paris cedex 08

Dépôt légal : novembre 2000
N° d'édition : 3459/01 - N° d'impression : 53213

Achevé d'imprimer sur les presses de
Quebecor World L'Éclaireur
Beauceville